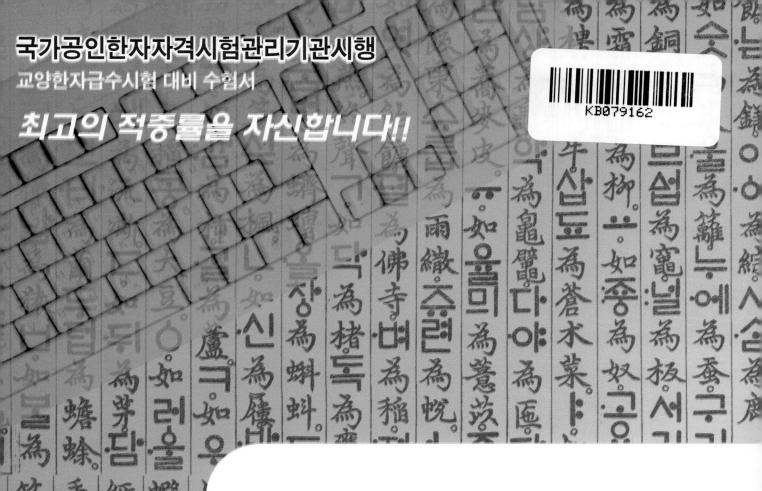

국가공인한자자격시험관리기관시행
교양한자급수시험 대비 수험서

최고의 적중률을 자신합니다!!

KB079162

한자 자격시험 6급

www.hanja114.org

펴낸곳 | 주식회사 형민사
지은이 | 국제 어문능력 개발원

초판 46쇄 | 2024. 10. 15
펴 낸 곳 | 주식회사 형민사
지 은 이 | 국제어문능력개발원
인터넷구매 | www.hanja114.com
구 입 문 의 | TEL.02-736-7693~4, FAX.02-736-7692
주   소 | ㉾100-032 서울시 중구 수표로 45, B1 101호(저동2가,비즈센터)
등 록 번 호 | 제2016-000003호
I S B N | 978-89-955423-1-6

* 이 책에 실린 모든 편집 내용에 대한 저작권은 '주식회사 형민사' 에 있으므로 무단으로 복사, 복제할 수 없습니다.
* 파손된 책은 바꾸어 드립니다.

한자 자격 시험 안내

01 한자자격시험

- 주 관 : 사단법인 한자교육진흥회
- 시 행 : 한국 한자실력평가원

02 한자자격시험 일시

- 연 4회 실시
- 응시 자격 : 제한 없음

03 한자자격시험 준비물 및 입실 시간

- 접수 준비물 : 기본인적사항, 응시원서, 응시료, 반명함판 사진(3㎝×4㎝ 2매)
- 시험 준비물
  ① 수험표
  ② 신분증(학생증, 주민등록증, 운전면허증, 여권 – 초등학생과 미취학아동은 건강보험증 또는 주민등록등본(복사본 가능))
  ③ 검정색 펜(7,8급은 연필사용 가능)
  ④ 수정테이프
- 고사장 입실 시간 : 시험 시작 20분 전까지

04 합격자 발표 및 문의처

- 합격자 발표 : 시험 종료 약 1개월 후
- 홈페이지 : http://www.hanja114.org 또는 한글인터넷주소 : 한자자격시험
- 기타 문의 : 한국 한자실력평가원(전화 02-3406-9111, 팩스 02-3406-9118)

05 한자자격시험 급수별 출제 범위

구분		공인급수				교양급수							
		사범	1급	2급	3급	준3급	4급	준4급	5급	준5급	6급	7급	8급 (첫걸음)
평가한자수	계	5,000자	3,500자	2,300자	1,800자	1,350자	900자	700자	450자	250자	170자	120자	50자
	선정한자	5,000자	3,500자	2,300자	1,300자	1,000자	700자	500자	300자	150자	70자	50자	30자
	교과서·실용한자어	-	500단어 (이상)	500단어 (이상)	500자 (436단어 이상)	350자 (305단어 이상)	200자 (156단어 이상)	200자 (139단어 이상)	150자 (117단어 이상)	100자 (62단어 이상)	100자 (62단어 이상)	70자 (43단어 이상)	20자 (13단어 이상)

* 한자자격시험은 사범~8급까지 총 12개 급수로 구성
* 1급과 2급은 직업분야별 실용한자어, 3급 이하는 교과서 한자어를 뜻함
* 3급 이하의 교과서 한자어에서는 한자쓰기 문제를 출제하지 않음 (자세한 사항은 홈페이지를 참조하시기 바랍니다.)
* 巾(수건 건)자는 교육부지정 선정한자 (1,800자)에서 제외된 글자이나, 실생활에 자주 활용되고 部首자이므로 준5급에 추가하여 80+1자가 되었음

한자 자격 시험 안내

06 급수별 출제 문항 수 및 출제기준

구분		급수	사범	1급	2급	3급	준3급	4급	준4급	5급	준5급	6급	7급	8급(첫걸음)
출제기준		문항수 합계	200	150	100	100	100	100	100	100	100	80	50	50
	주관식	문항수	150	100	70	70	70	70	70	70	70	50	20	20
		비율(%)	75%이상	65%이상	70%이상	70%이상	70%이상	70%이상	70%이상	70%이상	70%이상	60%이상	40%이상	40%이상
		한자쓰기(비율%)	25	25	25	20	20	20	20	20	20	10	–	–
	객관식	문항수	50	50	30	30	30	30	30	30	30	30	30	30
문항별 배점			2	2	2	2	1	1	1	1	1	1.25	2	2
만점 (환산점수:100점 만점)			400 (100)	300 (100)	200 (100)	200 (100)	100	100	100	100	100	100	100	100

07 급수별 합격기준

구분	급수	사범	1급	2급	3급	준3급	4급	준4급	5급	준5급	6급	7급	8급(첫걸음)
합 격 기 준 (문항수 기준)		80%이상	70%이상	70%이상	70%이상	70%이상	70%이상	70%이상	70%이상	70%이상	70%이상	70%이상	70%이상

* 각 급수별 합격 기준 이상의 점수를 얻어야 합격할 수 있음

08 급수별 시험시간, 출제 유형별 비율(%)

구분		급수	사범	1급	2급	3급	준3급	4급	준4급	5급	준5급	6급	7급	8급(첫걸음)
출제유형·비율(%)		시험시간	120분	80분	60분	60분	60분	60분	60분	60분	60분	60분	60분	60분
	급수별선정한자	훈 음	25	25	25	15	15	15	15	15	15	20	25	25
		독 음	35	35	35	15	15	15	15	15	15	20	25	25
		쓰 기	25	25	25	20	20	20	20	20	20	10	-	-
		기 타	15	15	15	15	15	15	15	15	15	15	15	15
		소 계	100	100	100	65	65	65	65	65	65	65	65	65
	교과서한자어	독 음	-	-	-	15	15	15	15	15	15	15	15	15
		용어뜻	-	-	-	10	10	10	10	10	10	10	10	10
		쓰 기	-	-	-	0	0	0	0	0	0	0	0	0
		기 타	-	-	-	10	10	10	10	10	10	10	10	10
		소 계	-	-	-	35	35	35	35	35	35	35	35	35
합 계			100	100	100	100	100	100	100	100	100	100	100	100

9 원서접수 방법

〈방문 접수와 인터넷 접수 가능〉

• 방문 접수 : 지역별 원서접수처를 직접 방문하여 접수하는 경우

· 응시급수 선택 : 한자자격시험 급수별 출제범위를 참고하여, 응시자에 알맞은 급수를 선택

· 원서 접수 준비물 확인 : 응시자 성명(한자) / 생년월일 / 학교명,학년,반 / 전화번호 / 우편번호,주소 / 반명함판 사진2매(3×4cm) / 응시료

· 원서 작성 · 접수 : 한자자격시험 지원서를 작성 후 접수

· 수험표 확인 : 수험표의 응시급수, 수험번호, 성명,생년월일, 고사장명, 고사장 문의전화, 시험일시를 재확인

• 인터넷 접수 : 한자자격시험 홈페이지에 접속하여 원서를 접수
(홈페이지 : http://www.hanja114.org, 또는 한글인터넷주소 : 한자자격시험)

10 국가공인 한자자격 취득자 우대

• 자격기본법 제23조 3항에 의거 국가자격 취득자와 동등한 대우 및 혜택
• 정부기관에서 공무원 직무능력 향상의 수단으로 권장
• 육군 간부, 군무원의 인사고과 반영
• 공공기관과 기업체 채용, 보수, 승진과정에서 우대하며 대학의 입학전형에 반영
  ※ 반영 비율 및 세부 사항은 기업체 및 각 대학 입시 요강에 따름
• 2005학년도 대학수학능력시험부터 '漢文'을 선택과목으로 채택
• 한국방송통신대학교 중어중문학과 졸업논문 대체인정(1급 이상)
• 대상 급수 : 한자실력 사범, 1, 2, '3급

이 책의 짜임, 활용

▶▶ 이 책은 국가공인 한자자격시험 관리 · 운영기관인 사단법인 한자교육진흥회 주관으로 한국 한자실력평가원에서 시행하는 6급 [한자자격시험]을 대비하기 위한 수험서입니다.

▶▶ 여기에서는 한자평가원의 6급 한자 170자(6급 선정한자 70자+교과서 한자 100자로 구성)를 주제별로 배치하여 학습할 수 있도록 하고 있습니다.

▶▶ 주제별로 구성된 단원구조는 '스스로 학습' 을 이끌어 주는 과학적 학습유도장치로, 이는 학교 현장에서 수년간 학생들을 지도하면서 체험한 효과적 학습방법을 구조화시킨 것이며 교사들의 보이지 않는 진실한 노력과 고뇌가 녹아 있는, 한자 학습 능률을 극대화할 수 있는 매우 유용한 방법입니다.

▶▶ 지금까지의 한자학습이 '한자의 글자 수' 암기력을 테스트한 것이었다면, [한자자격시험]은 한자 암기는 물론, 초 · 중 · 고의 학교 급별 교과서에 쓰이고 있는 한자어를 읽고, 쓰고, 뜻을 알게 하는 과정을 통해 우리말의 어휘력과 사고력, 문제의 핵심을 파악하게 하는 능력 등을 높여 자연스럽게 교과학습 성취도를 높일 수 있게 하는 잠재적 목표까지 설정하고 있습니다.

이 책의 짜임새

이 책은 6급 한자자격시험에 출제되는 한자(어)를 크게 주제별로 다섯 단원으로 구조화하였으며 학습과정에서 연상활동을 자극하여 한자 및 한자어 등을 단계적으로 쉽게 익힐 수 있게 구성하였다.

• 제1주제 단원에서는 '자연, 수학, 환경' 과 관계 깊은 한자를 다루고 있고, 수학이나 과학 교과서 등에 자주 등장하는 한자어를 익힐 수 있도록 하였다.
• 제2주제 단원에서는 '언어의 세계' 라는 주제 속에서 관련 한자를 익히면서, 국어 교과서에 자주 등장하는 한자어를 익힐 수 있도록 하였다.
• 제3주제 단원에서는 '사회, 정치, 경제' 라는 주제 속에서 관련 한자를 공부하면서, 사회 교과서 등에 자주 등장하는 한자어를 익힐 수 있도록 하였다.
• 제4주제 단원에서는 '역사, 지리' 라는 주제로 관련 한자를 다루면서, 역사와 지리 교과서 등에 자주 등장하는 한자어를 익힐 수 있도록 하였다.
• 제5주제 단원에서는 '나와 우리' 라는 주제로 민주적 생활 태도 및 공동체 생활 등과 관련된 한자를 다루면서, 도덕, 사회 교과서 등에 자주 등장하는 한자어를 익힐 수 있도록 하였다.
• 주제별 각 단원은 선정한자 익히기, 교과서 한자어 자세히 알기, 한자성어 첫걸음, 단원마무리 연습문제로 구성되어 있다.
• 「선정한자 익히기」에서는 6급 선정한자를 쓰면서, 훈 · 음, 부수, 총획 수 등을 알게 하였고, 또한 도움말을 통해 글자의 자원을 알 수 있게 하여 글자에 대한 깊이 있는 이해를 돕고, 용

례를 제시해 어떻게 그 글자가 쓰이는지도 알도록 하고 있다.

- 「교과서 한자어 자세히 알기」에서는 주제별 관련 교과서에 등장하는 한자어를 훈·음과 뜻을 익히고, 어떻게 쓰이는지를 알게 하고 있다. 이 과정은 자연스럽게 우리말의 어휘력 신장에도 도움을 주도록 구성되어 있다.
- 「한자성어 첫걸음」에서는 한자성어를 통해 한자에 대한 흥미를 찾게 하고, 한자와의 친근감을 높임과 동시에 바른 인성을 자극하고 있다.
- 각 주제의 끝 부분에 배치되어 있는 「단원 마무리 연습문제」는 그 단원에서 배운 내용을 총정리해 볼 수 있도록 하여 학습 효과를 배가시키고 있다. 특히 문제의 지문이나 보기 등에 제시된 단어 하나하나까지도 교육적 의미를 생각하여 배치하고 있다.
- 6단원에서는 예상문제 10회분 및 최근 기출문제를 실어 한자자격시험에 대비할 수 있게 하였다.

이 책의 활용

선정한자 익히기 편에서는

큰 소리로 훈(뜻)과 음을 읽으면서 필순을 지켜 써 보세요!
제시된 빈 칸 수만큼 쓰다 보면 저절로 한자를 익힐 수 있습니다.

교과서 한자어 자세히 알기 편에서는

제시된 단어를 큰 소리로 읽고, 훈과 음을 읽은 후 풀이말을 몇 차례 읽어봅니다. 그리고 쓰임을 읽으면서 빈 칸에 한자어를 정자로 또박 또박 써 나갑니다.

한자성어 첫걸음 편에서는

제시된 한자성어를 읽고 이어서 각 글자의 훈과 음을 읽어본 다음, 뜻을 큰 소리로 읽고 나서 빈 칸에 한자성어를 써 나갑니다.

단원 마무리 연습문제 편에서는

각 주제의 끝 부분에 주관식과 객관식의 25여 문제가 함께 섞여 구성된 평가 문항입니다. 이 문제들을 풀어보면서 앞에서 배운 한자와 한자어 등을 다시 생각해 보고, 혹 잘 모르는 문제가 있다면 본문을 다시 살펴서 완전히 익히고 다음 단계로 넘어가기 바랍니다.

※ 참고문헌 : 이재전, 《최신 한자교본》, (도서출판 에코노미, 2002)
　　　　　　 장형식, 《부수해설》, (한국 한자실력평가원, 2000)
　　　　　　 홍순필, 《한선문 신옥편 - 정음옥편 한글판》, (보문관, 1917)
　　　　　　 《大漢韓辭典》, (교학사, 1998) 등

차 례

한 자 자 격 시 험 6 급

역사, 지리 **4**

나와 우리 **5**

연습문제 및 최근 기출문제 **6**

급수별 선정한자 일람표

*표시는 길게 발음된 글자. #표시는 장음 단음 두 가지로 발음된 글자임. (　)안은 간체자

8급 선정 한자

一	한	일	
二	두	이	*
三	석	삼	
四	넉	사	*
五	다섯	오	*
六	여섯	륙	
七	일곱	칠	
八	여덟	팔	
九	아홉	구	
十	열	십	
日	날	일	
月	달	월	
火	불	화	#
水	물	수	*
木	나무	목	
上	윗	상	*
中	가운데	중	*
下	아래	하	*
父	아버지	부	
母	어머니	모	*
王	임금	왕	
子	아들	자	
女	계집	녀	
口	입	구	#
土	흙	토	
山	메	산	
門	문	문(门)	
小	작을	소	*
人	사람	인	*
白	흰	백	

7급 선정 한자

江	강	강	
工	장인	공	
金	쇠	금	
男	사내	남	
力	힘	력	
立	설	립	
目	눈	목	
百	일백	백	
生	날	생	
石	돌	석	
手	손	수	#
心	마음	심	
入	들	입	
自	스스로	자	
足	발	족	
川	내	천	
千	일천	천	
天	하늘	천	
出	날	출	
兄	맏	형	

6급 선정 한자

東	동녘	동(东)	
西	서녘	서	
南	남녘	남	
北	북녘	북	
方	모	방	
向	향할	향	*
內	안	내	*
外	바깥	외	*

同	한가지	동	
名	이름	명	
靑	푸를	청	
年	해(=秊)	년	
正	바를	정	#
文	글월	문	
主	주인	주	
寸	마디	촌	*
弟	아우	제	*
夫	지아비	부	
少	적을	소	*
夕	저녁	석	

음과 뜻이 여럿인 한자

8급

父	1.아비	부
	2.남자미칭	보

7급

金	1.쇠	금
	2.성	김

6급

內	1.안	내
	2.여관(女官)	나
北	1.북녘	북
	2.달아날	배

*아래 한자어들은 교과서에 있는 단어(한자어)중 자주 쓰이거나 꼭 알아두어야 할 한자어입니다. 교과서 한자어의 한자 쓰기 문제는 출제되지 않습니다.

가열	加熱	방법	方法	일주	一周
각	角	배열	配列	점	點
거리	距離	변	邊	종류	種類
검소	儉素	분류	分類	주변	周邊
결과	結果	분리	分離	차	差
계산	計算	분수	分數	차이	差異
고민	苦悶	상품	賞品	착륙	着陸
공손	恭遜	수직	垂直	최선	最善
공통	共通	순서	順序	특징	特徵
관찰	觀察	시간	時間	평가	評價
구간	區間	식	式	평소	平素
기구	器具	실천	實踐	표	表
낭송	朗誦	실험	實驗	표어	標語
대화	對話	안전	安全	표현	表現
도형	圖形	암송	暗誦	합	合
무관심	無關心	역할	役割	혼합물	混合物
문제	問題	온도	溫度	화목	和睦
물체	物體	우애	友愛	화학	化學
반	半	이용	利用	활용	活用
반성	反省	이유	理由	효도	孝道
발명	發明	이해	理解		

한 자 자 격 시 험 6 급

1. 자연, 수학, 환경

| 학습의 주안점 |

이 단원에서는 자연과 수학, 그리고 환경과 관련 있는 한자들을 읽고 쓰며, 그 뜻을 정확히 알도록 노력합시다.

새로 익힐 선정 한자

東	동녘	동	南	남녘	남
西	서녘	서	北	북녘	북

교과서에 나오는 한자어

분수	分數	각	角
분류	分類	변	邊
종류	種類	화학	化學
반	半	식	式
배열	配列	구간	區間
수직	垂直	시간	時間
표	表	물체	物體
합	合	결과	結果
혼합물	混合物	관찰	觀察
계산	計算	실험	實驗
거리	距離	온도	溫度
분리	分離	가열	加熱
점	點	발명	發明
차	差	기구	器具
도형	圖形		

www.hanja114.org

www.hanja114.org

훈	동녘(동쪽)	음	동	부수	木
필순	一 丆 百 亩 東 東			총획수	8
도움말	'日'(해 일)과 '木'(나무 목)을 더한 글자로, 아침해가 나무 중간까지 떠오르는 모양이라는 데서 해가 뜨는 동쪽을 뜻한다.				
쓰임	東洋(동양): 우리나라 사람을 東洋인이라고 합니다. 北東風(북동풍): 북동쪽에서 불어오는 바람을 北東風이라고 합니다.				

東 동녘 동

훈	서녘(서쪽)	음	서	부수	襾
필순	一 丆 丙 西 西 西			총획수	6
도움말	새가 둥지 위에서 쉬고 있는 모습을 본 뜬 글자로, 새가 둥지로 돌아올 때는 해가 서쪽으로 저문다고 해서 '서쪽'이라는 뜻을 지닌다.				
쓰임	西洋(서양): 西洋사람들은 우리 東洋사람들과는 다른 특징을 갖고 있습니다. 西海岸(서해안): 우리 가족은 올해 여름에 西海岸으로 피서를 갈 예정입니다.				

西 서녘 서

훈	남녘(남쪽)	음	남	부수	十
필순	一 十 冇 冈 南 南 南			총획수	9
도움말	초목이 무성한 모양의 글자 '冂'와 '𦍌'(심해질 임)을 더한 글자로, '남쪽으로 갈수록 풀과 나무가 점점 무성해진다' 하여 '남쪽'의 뜻을 지닌다.				
쓰임	南風(남풍): 남쪽에서 불어오는 바람을 南風이라고 합니다. 南向(남향): 南向으로 지어진 집은 햇볕이 잘 듭니다.				

南 남녘 남

훈	①북녘(북쪽), ②달아날	음	①북, ②배	부수	匕
필순	丨 ㅣ ㅓ 圵 北			총획수	5
도움말	두 사람이 등을 맞대고 앉아 있는 모습을 본뜬 글자로, '등지다'라는 뜻과 해가 비치는 남녘의 반대인 '북쪽'이라는 뜻을 갖는다.				
쓰임	北上(북상): 오늘 일기예보에서 태풍이 北上한다고 방송했습니다. 敗北(패배): 축구 경기에서 敗北한 우리반은 모두 기분이 우울했습니다.				

北 북녘 북

교과서 한자어 자세히 알기

분수
分數

훈음 나눌 **분**, 셈 **수**

풀이 어떤 수를 다른 수로 나누는 형태로 나타낸 것

쓰임 6÷3을 分數로 나타내면 $\frac{6}{3}$ 입니다.

분류
分類

훈음 나눌 **분**, 무리 **류**

풀이 전체를 몇 가지로 구분지어 놓음

쓰임 생물을 分類하면 크게 식물과 동물로 나눕니다.

종류
種類

훈음 씨 **종**, 무리 **류**

풀이 어떤 기준에 따라 나눈 갈래

쓰임 김치의 種類는 매우 다양합니다.

반
半

훈음 절반 **반**

풀이 둘로 똑같이 나눈 것 가운데 한 부분

쓰임 사과 한 개를 半으로 나누면 두 쪽이 됩니다.

배열
配列

훈음 짝 **배**, 벌일 **렬**

풀이 일정한 차례나 간격으로 죽 벌여 놓음

쓰임 다음 나온 계산 결과를 크기가 큰 순서대로 配列합시다.

수직

훈음 드리울 **수**, 곧을 **직**

풀이 ① 똑바로 드리운 모양. 수평에 대하여 직각을 이룬 상태. ② 선과 선, 선과 면, 면과 면이 서로 만나 직각을 이룬 상태

쓰임 다음 직선에 垂直으로 다른 선을 그어 봅시다.

垂直

표

훈음 겉 **표**

풀이 중요한 사항을 일정한 순서에 쫓아 죽 벌여 적은 것

쓰임 다음 表를 보고 가장 키가 큰 사람을 찾아 봅시다.

表

합

훈음 합할 **합**

풀이 여럿을 한데 모은 수

쓰임 친구들이 먹은 과일의 수를 合하면 모두 몇 개인가요?

合

혼합물

훈음 섞을 **혼**, 합할 **합**, 물건 **물**

풀이 여러 가지가 뒤섞여서 된 물건. 둘 이상의 물질이 각각의 성질을 지니면서 뒤섞이어 있는 것

쓰임 다음 실험에 사용된 混合物은 모두 몇 가지가 섞인 것일까요?

混合物

계산

훈음 셀 **계**, 셈 **산**

풀이 수량을 셈. 식을 통해 수치를 구하여 내는 일

쓰임 분수를 나눗셈으로 바꾸어 計算해 보시오.

計算

교과서 한자어 자세히 알기

거리 距離

훈음	떨어질 **거**, 떠날, 떼놓을 **리**
풀이	서로 떨어져 있는 두 곳 사이의 길이
쓰임	직선의 距離를 재서 똑같은 길이의 직선을 그려 봅시다.

분리 分離

훈음	나눌 **분**, 떠날, 떼놓을 **리**
풀이	따로 나뉘어 떨어짐, 또는 그렇게 되게 함
쓰임	서로 성질이 다른 물질들을 分離해 봅시다.

점 點

훈음	점 **점**
풀이	두드러지게 가리키는 어느 부분이나 요소
쓰임	도형은 點, 선, 면으로 이루어집니다.

차 差

훈음	어긋날 **차**
풀이	① 서로 다른 정도. ② (수학에서) 어떤 큰 수에서 다른 작은 수를 뺀 나머지
쓰임	두 친구가 먹은 과일 개수의 差를 구하세요.

도형 圖形

훈음	그림 **도**, 모양 **형**
풀이	① 그림의 모양. ② 면 · 선 · 점 따위가 모여서 이루어진 꼴
쓰임	다음 圖形을 이루는 선의 수는 몇 개인가요?

각

角

훈음	뿔 **각**
풀이	수학에서, 한 점에서 뻗어 나간 두 직선이 만나 이루는 모퉁이 角
쓰임	직角은 90˚ 입니다.

변

邊

훈음	가장자리 **변**
풀이	①(어떤 장소나 물건의) 가장자리 ② 다각형을 이루는 하나하나의 직선
쓰임	사각형의 邊은 네 개이다.

화학

化學

훈음	될, 변화할 **화**, 배울 **학**
풀이	물질이 만들어지고 변하는 것에 대한 연구를 하는 것
쓰임	化學 약품은 자칫 사고를 일으킬 수도 있습니다.

식

式

훈음	법 **식**
풀이	수를 법칙으로 만들어 내는 것
쓰임	40명을 5 모둠으로 만들 때 세우는 式은 40÷5입니다.

구간

區間

훈음	지경 **구**, 사이 **간**
풀이	어떤 지점과 다른 지점과의 사이
쓰임	다음 두 區間의 거리 차를 계산해 봅시다.

교과서 한자어 자세히 알기

시간
時間
훈음 때 **시**, 사이 **간**
풀이 어떤 시각에서 다른 시각까지의 사이
쓰임 두 친구가 만나서 함께 보낸 時間을 계산해 봅시다.

물체
物體
훈음 물건, 만물 **물**, 몸 **체**
풀이 구체적인 형태를 가지고 있는 어떤 것
쓰임 사각형의 모양을 하고 있는 物體를 찾아 봅시다.

결과
結果
훈음 맺을 **결**, 과실 **과**
풀이 어떤 까닭으로 말미암아 이루어지는 결말, 또는 그 결말의 상태
쓰임 실험 結果를 적어 냅시다.

관찰
觀察
훈음 볼 **관**, 살필 **찰**
풀이 어떤 것의 있는 그대로의 모습이나 일어나는 일을 주의 깊게 살펴 봄
쓰임 식물의 성장 과정을 觀察해 봅시다.

실험
實驗
훈음 열매 **실**, 시험, 증험할 **험**
풀이 실제로 경험하거나 시험함, 또는 그 경험이나 시험
쓰임 두 물질이 섞이면 어떤 일이 일어나는지 實驗해 봅시다.

온도

溫度

훈음	따뜻할 **온**, 법도 **도**
풀이	덥고 찬 정도, 또는 그 도수
쓰임	물의 溫度를 재고 적당할 때 첨가물을 넣습니다.

가열

加熱

훈음	더할 **가**, 더울 **열**
풀이	열을 가함. 열이 더 세게 나도록 함
쓰임	물을 加熱하면 수증기가 되어 증발합니다.

발명

發明

훈음	필, 쏠 **발**, 밝을 **명**
풀이	새로 생각해 내거나 만들어 냄
쓰임	에디슨은 우리 생활의 많은 물건을 發明하였습니다.

기구

器具

훈음	그릇 **기**, 갖출, 도구 **구**
풀이	세간, 그릇, 연장 따위를 통틀어 이르는 말. 구조, 조작 등이 간단한 기계나 도구류
쓰임	실험 器具들을 조심스럽게 다룹시다.

한자성어 첫걸음

東 동녘 동　西 서녘 서　南 남녘 남　北 북녘 북

동서남북

'동쪽과 서쪽, 남쪽과 북쪽'이란 뜻으로, 곧 사방을 뜻함

東 동녘 동　西 서녘 서　古 옛 고　今 이제 금

동서고금

'동양과 서양, 옛날과 오늘날'이란 뜻으로, 곧 인간사회의 모든 시대와 모든 곳을 뜻함

東 동녘 동　問 물을 문　西 서녘 서　答 대답할 답

동문서답

'동쪽을 물으니 서쪽을 대답한다.'는 뜻으로, 묻는 말에 대하여 엉뚱한 대답을 하는 경우

東 동녘 동　奔 달릴 분　西 서녘 서　走 달릴 주

동분서주

'동쪽으로 달리고 서쪽으로 달리다.'라는 뜻으로, 여기저기 바쁘게 돌아다니는 경우

馬	耳	東	風
말 **마**	귀 **이**	동녘 **동**	바람 **풍**

마이동풍

'말의 귀에 부는 동쪽 바람' 이라는 뜻으로, 남의 의견이나 충고를 귀담아 듣지 않고 흘려버리는 경우

北	窓	三	友
북녘 **북**	창 **창**	석 **삼**	벗 **우**

북창삼우

'북쪽 창가의 세 명의 벗' 이라는 뜻으로, 거문고, 술, 시(詩)를 일컫는 말

泰	山	北	斗
클 **태**	메 **산**	북녘 **북**	별이름 **두**

태산북두

'태산과 북두칠성' 이라는 뜻으로, ①세상 사람들로부터 존경받는 사람 ②어떤 전문 분야에서의 권위자를 일컫는 말

♣ 다음 한자의 뜻과 음을 쓰세요. (1~7)

1. 東(　　　　) (　　　　)

2. 西(　　　　) (　　　　)

3. 南(　　　　) (　　　　)

4. 北(　　　　) (　　　　)

5. 石(　　　　) (　　　　)

6. 兄(　　　　) (　　　　)

7. 父(　　　　) (　　　　)

♣ 다음 문장의 O안에 들어갈 한자를 〈보기〉의 한자에서 찾아 쓰세요. (8~13)

> **보기**
>
> | 東 | 西 | 南 | 北 |

8. O향으로 집을 지어야 볕이 잘 듭니다.
(　　　　　　　)

9. 우리 나라 사람을 O양인이라고 합니다.
(　　　　　　　)

10. 오늘 일기 예보에서 태풍이 O상 한다고 방송했습니다.
(　　　　　　　)

11. 저녁이 되면 해는 O쪽으로 사라집니다.
(　　　　　　　)

12. 북동쪽에서 불어오는 바람을 OO풍이라고 합니다.
(　　　　　　　)

13. 남쪽에서 불어오는 바람을 O풍이라고 합니다.
(　　　　　　　)

♣ 다음 (　　　　)안에 들어간 단어의 알맞은 한자어를 바르게 쓴 것을 고르세요. (14~21)

14. 3÷6을 (분수)로 나타내면 $\frac{3}{6}$ 입니다.
① 分手　　② 分水　　③ 分數　　④ 分母

15. 여러 가지가 뒤섞여서 된 물건을 (혼합물)이라고 합니다.
① 觀察物　② 動植物　③ 化學物　④ 混合物

16. 다음 (도형)을 이루는 선의 수는 몇 개인가요?
① 圖形　　② 道兄　　③ 圖兄　　④ 道形

17. 성질이 서로 다른 물질을 (분리)해 봅시다.
① 分子　　② 分離　　③ 分利　　④ 分母

18. 다음 두 (구간)의 거리 차를 계산해 봅시다.
① 器具　　② 溫度　　③ 物體　　④ 區間

19. 실험을 한 후에 실험(결과)를 적어 냅시다.
① 器具　　② 溫度　　③ 物體　　④ 結果

20. 분수를 나눗셈으로 바꾸어 (계산)해 보세요.
① 計算　　② 計山　　③ 距離　　④ 種類

21. 물을 (가열)하면 수증기가 되어 증발합니다.
① 家熱　② 加熱　③ 可熱　④ 發明

♣ 다음 지시에 알맞은 답을 〈보기〉에서 골라 쓰세요.
(22~25)

보기

| 東 | 西 | 南 | 北 | 川 |

22. 두 가지의 음으로 쓰이는 한자를 쓰세요.
(　　　　　)

23. 男과 음이 같은 한자를 쓰세요.
(　　　　　)

24. 天과 음이 같은 한자를 쓰세요.
(　　　　　)

25. 동쪽과 상대되는 뜻을 가진 한자를 쓰세요.
(　　　　　)

연습문제
정답

1. (동녘) (동)	2. (서녘) (서)	3. (남녘) (남)	4. (북녘) (북)	5. (돌) (석)	6. (맏) (형)	7. (아버지) (부)
8. 南	9. 東	10. 北	11. 西	12. 北東	13. 南	14. ③
15. ④	16. ①	17. ②	18. ④	19. ④	20. ①	21. ②
22. 北	23. 南	24. 川	25. 西			

2. 언어의 세계

| 학습의 주안점 |

이 단원에서는 언어의 세계와 관련 있는 한자들을 읽고 쓰며, 그 뜻을 정확히 알도록 노력합니다.

새로 익힐 선정 한자

方	모	방	內	안	내
向	향할	향	外	바깥	외

교과서에 나오는 한자어

역할	役割	대화	對話
표현	表現	표어	標語
이유	理由	암송	暗誦
이해	理解	낭송	朗誦

선정 한자 익히기

方
모 **방**

훈	모, 방위	음	방	부수	方
필순	`丶 亠 亍 方`			총획수	4

도움말 두 척의 배를 나란히 언덕에 매어 놓은 모습을 본뜬 글자로, 그 모양이 네모진다 하여 '모나다', 나아가 '방위'의 뜻을 지닌다.

쓰임 方今(방금): 나는 方今 맛있는 저녁을 먹었습니다.
方向(방향): 이 쪽 方向으로 가면 우리집이 나옵니다.

向
향할 **향**

훈	향할(향하다)	음	향	부수	口
필순	`丿 丷 冂 向 向 向`			총획수	6

도움말 창문의 모양을 본뜬 글자. 북쪽을 바라보고 창문을 내었다는 데서 '향하다'의 뜻을 지닌다.

쓰임 向上(향상): 나의 피아노 치는 실력이 많이 向上되었습니다.
志向(지향): 우리는 성실한 삶을 志向해야 합니다.

內
안 **내**

훈	안	음	내	부수	入
필순	`丨 冂 内 內`			총획수	4

도움말 '冂'(멀 경)과 '入'(들 입)을 더한 글자로, 들어가는 곳이 집이나 안이라는 데서 '안'의 뜻을 지닌다.

쓰임 內服(내복): 겨울에 內服을 입으면 따뜻합니다.
校內(교내): 校內에서는 뛰지 말아야 합니다.

外
바깥 **외**

훈	바깥	음	외	부수	夕
필순	`丿 勹 夕 夗 外`			총획수	5

도움말 '夕'(저녁 석)과 '卜'(점 복)을 더한 글자로, 점은 아침에 쳐야지 저녁에 치는 것은 정상에서 벗어나는 것이라 하여 '바깥'의 뜻을 지닌다.

쓰임 外出(외출): 外出하고 돌아와서는 손을 깨끗이 씻어야 합니다.
校外(교외): 일과시간 중에는 校外로 나가지 않습니다.

교과서 한자어 자세히 알기

역할
役割
훈음 부릴 **역**, 벨, 나눌 **할**
풀이 나누어 맡은 구실
쓰임 다음 이야기를 役割을 나누어 극으로 꾸며 봅시다.

표현
表現
훈음 겉 **표**, 나타날 **현**
풀이 드러내어 나타냄
쓰임 이야기를 읽고 난 느낌을 그림으로 表現합시다.

이유
理由
훈음 다스릴 **리**, 말미암을 **유**
풀이 까닭
쓰임 다음 이야기에서 주인공이 화가 난 理由를 말해 봅시다.

이해
理解
훈음 다스릴 **리**, 풀 **해**
풀이 (말이나 글의 뜻을) 깨우쳐 앎
쓰임 다음 이야기를 理解하고 인물의 성격을 말해 봅시다.

대화
對話
훈음 대답할 **대**, 말씀 **화**
풀이 서로 마주 대하여 이야기함, 또는 그 이야기
쓰임 가족 간의 對話가 화목한 가정을 이루게 합니다.

표어

標語

훈음	나뭇가지 **표**, 말씀 **어**
풀이	어떤 의견이나 주장을 알리기 위하여 주요 내용을 간결하게 표현한 짧은 구절
쓰임	통일 기원 標語를 써 봅시다.

암송

暗誦

훈음	어두울 **암**, 욀 **송**
풀이	적은 것을 보지 않고 입으로 외움
쓰임	시를 친구들 앞에서 暗誦하여 봅시다.

낭송

朗誦

훈음	밝을 **랑**, 욀 **송**
풀이	소리 내어 읽음
쓰임	책에 있는 시를 큰 소리로 朗誦하여 봅시다.

쉬어가는 페이지 쑥맥(菽麥)의 어원

사리 분별을 잘 못하는 사람을 일컬어 "쑥맥"이라고 한다. 그러나 쑥맥이 한자어라는 사실을 아는 사람은 그리 많지 않을 것이다. 쑥맥이란 한자어 菽麥(숙맥)에서 유래한 것이다. 콩 숙(菽)과 보리 맥(麥)을 합친 글자로 그 뜻을 그대로 풀이하면 콩과 보리이나 결국 콩과 보리를 구별하지 못하는 어리석은 사람을 지칭할 때 사용된다. 결국 한자어 菽麥이 경음화되어 '쑥맥'이 된 것이다. 이처럼 오늘날에는 한자가 한글로 변한 단어가 꽤 쓰이고 있다.

한자성어 첫걸음

内 憂 外 患
안 **내**　근심 **우**　바깥 **외**　근심 **환**

내우외환

나라 안팎의 근심거리

外 柔 内 剛
바깥 **외**　부드러울 **유**　안 **내**　굳셀 **강**

외유내강

겉모습은 부드럽고 순하게 보이나 마음 속은 단단하고 굳센 경우

内 助 之 功
안 **내**　도울 **조**　갈,어조사 **지**　공 **공**

내조지공

안에서 돕는 공. 아내가 남편이 바깥 일을 잘 할 수 있도록 도와주는 것

教 外 別 傳
가르칠 **교**　바깥 **외**　다를 **별**　전할 **전**

교외별전

'가르침 밖으로 별도로 전해짐' 이라는 뜻으로, 말이나 문자를 쓰지 않고 마음으로 전해준다는 뜻

八	方	美	人
여덟 **팔**	방위 **방**	아름다울 **미**	사람 **인**

팔방미인

'어느 모로 보나 아름다운 미인' 이라는 뜻으로, 여러 방면에 능통한 사람

三	尺	童	子
석 **삼**	자 **척**	아이 **동**	아들 **자**

삼척동자

'키가 세 자인 아이' 라는 뜻으로, 어린아이를 이름

張	三	李	四
베풀 **장**	석 **삼**	오얏 **리**	넉 **사**

장삼이사

'장씨 집의 셋째 아들과 이씨 집의 넷째 아들' 이라는 뜻으로, 평범한 보통 사람을 이름

奇	想	天	外
기이할 **기**	생각 **상**	하늘 **천**	바깥 **외**

기상천외

'기이한 생각이 하늘의 바깥에까지 미친다.' 는 뜻으로, 생각이 기발하고 엉뚱한 경우

단원 마무리 연습문제

♣ 다음 한자의 뜻과 음을 쓰세요. (1~6)

1. 方( ) ( )

2. 向( ) ( )

3. 內( ) ( )

4. 外( ) ( )

5. 母( ) ( )

6. 男( ) ( )

♣ 다음 문장의 O안에 들어갈 한자를 〈보기〉의 한자에서 찾아 쓰세요. (7~13)

보기

東	西	南	北	出
方	向	內	外	天

7. 우리 나라는 예로부터 東O예의지국이라고 불렸습니다.

( )

8. 南O으로 집을 지어야 볕이 잘 듭니다.

( )

9. 엄마는 약속이 있어서 O出 하셨습니다.

( )

10. 나침반은 東,西,南,北의 O向을 알려줍니다.

( )

11. 교O에서는 뛰지 말아야 합니다.

( )

12. 겨울에 O복을 입으면 따뜻합니다.

( )

13. 外O하고 돌아와서는 손을 깨끗이 씻어야 합니다.

( )

♣ 다음 ( )안에 들어간 단어의 알맞은 한자어를 바르게 쓴 것을 고르세요. (14~21)

14. 이야기를 읽고 난 느낌을 그림으로 (표현) 합시다.
① 表現   ② 標現   ③ 對話   ④ 暗誦

15. 다음 이야기에서 주인공이 한 행동의 (이유)를 말해 봅시다.
① 二由   ② 理由   ③ 理有   ④ 二有

16. 책에 있는 시를 큰 소리로 (낭송)하여 봅시다.
① 對話   ② 理解   ③ 朗誦   ④ 郞宋

17. 통일을 기원하는 (표어)를 써 봅시다.
① 表語   ② 表魚   ③ 標魚   ④ 標語

18. 가족 간의 (대화)가 가정을 화목하게 합니다.
① 大火   ② 對話   ③ 大話   ④ 對火

19. 다음 이야기를 각각 (역할)을 나누어 극으로 꾸며 봅시다.
① 表現　　② 力割　　③ 役割　　④ 理解

20. 시를 친구들 앞에서 (암송)하여 봅시다.
① 暗松　　② 暗送　　③ 暗宋　　④ 暗誦

21. 다음 이야기를 (이해)하고 인물의 성격을 말해 봅시다.
① 理解　　② 二海　　③ 理海　　④ 二解

♣ 다음 지시에 알맞은 답을 〈보기〉에서 골라 쓰세요. (22~25)

보기
内　外　東　北　南　向

22. 男과 음이 같은 한자를 쓰세요.
(　　　　　)

23. 内와 상대되는 뜻을 갖는 한자를 쓰세요.
(　　　　　)

24. 西와 상대되는 뜻을 갖는 한자를 쓰세요.
(　　　　　)

25. 南과 상대되는 뜻을 갖는 한자를 쓰세요.
(　　　　　)

연습문제 정답

1.(모)(방)	2.(향할)(향)	3.(안)(내)	4.(바깥)(외)	5.(어머니)(모)	6.(사내)(남)	7.方
8.向	9.外	10.方	11.内	12.内	13.出	14.①
15.②	16.③	17.④	18.②	19.③	20.④	21.①
22.南	23.外	24.東	25.北			

3. 사회, 정치, 경제

| 학습의 주안점 |

이 단원에서는 사회, 정치, 경제와 관련 있는 한자들을 읽고 쓰며, 그 뜻을 정확히 알도록 노력합시다.

새로 익힐 선정 한자

| 同 | 한가지 | 동 | 靑 | 푸를 | 청 |
| 名 | 이름 | 명 | 年 | 해 | 년 |

교과서에 나오는 한자어

www.hanja114.org

방법	方法	이용	利用
순서	順序	평가	評價
차이	差異	평소	平素
공통	共通	검소	儉素
문제	問題	안전	安全
활용	活用	무관심	無關心
상품	賞品	반성	反省
특징	特徵		

www.hanja114.org

同
한가지 **동**

훈	한가지, 같다	음	동	부수	口
필순	丨冂冂同同同			총획수	6

도움말	'冂'(여러 모)'와 '口'(입 구)'를 더한 글자로, 여러 사람의 입에서 나오는 의견이 모두 같다 하여 '한가지, 같다'의 뜻을 지닌다.
쓰임	同一(동일): 이 문제는 지난번 시험에 나왔던 문제와 同一합니다. 合同(합동): 두 도형은 세 변과 세 각이 같은 合同삼각형입니다.

名
이름 **명**

훈	이름, 이름나다	음	명	부수	口
필순	丿夕夕夕名名			총획수	6

도움말	'夕'(저녁 석)'과 '口'(입 구)'를 더한 글자로, 저녁에는 서로의 얼굴을 알아보기 힘 듦으로 입으로 말하여 그 이름을 분간해야 한다는 데서 '이름'의 뜻을 지닌다.
쓰임	名言(명언): '시간은 금이다'라는 名言이 있습니다. 姓名(성명): 시험지에 姓名을 정확하게 쓰세요.

青
푸를 **청**

훈	푸를(푸르다)	음	청	부수	青
필순	一二三丰丰青青青			총획수	8

도움말	'生'(날 생)'과 '丹'(붉을 단)'을 더한 글자로, 붉은 색을 띠던 싹이 점차 푸른 색으 로 변한다는 데서 '푸르다'의 뜻을 지닌다.
쓰임	青色(청색): 우리 학교 체육복은 青色입니다. 青少年(청소년): 青少年은 우리 나라의 희망입니다.

年
해 **년**

훈	해	음	년	부수	干
필순	丿二仁二午年			총획수	6

도움말	본래는 '禾'(벼 화)'와 '千'(일천 천)'이 더해진 글자로, 많은 곡식이 익어 수확하는 시기를 나타내는 글자로 '해'를 뜻한다.
쓰임	今年(금년): 今年에는 여름이 길었습니다. 學年(학년): 우리들은 1學年입니다.

교과서 한자어 자세히 알기

방법

方法

훈음	모 **방**, 법 **법**
풀이	어떤 목적을 달성하기 위하여 취하는 수단
쓰임	다음 문제를 해결하려면 어떤 *方法*을 써야 할까요?

순서

順序

훈음	순할 **순**, 차례 **서**
풀이	정하여져 있는 차례
쓰임	단체 활동을 할 때에는 *順序*를 지켜야 합니다.

차이

差異

훈음	어긋날 **차**, 다를 **이**
풀이	서로 차가 짐. 서로 다름
쓰임	두 그림의 *差異*를 발견해 봅시다.

공통

共通

훈음	함께 **공**, 통할 **통**
풀이	여럿 사이에 두루 쓰이거나 관계됨
쓰임	두 그림 사이의 *共通*점을 발견해 봅시다.

문제

問題

훈음	물을 **문**, 제목 **제**
풀이	해답을 필요로 하는 물음
쓰임	다음 *問題*를 나눗셈을 이용하여 풀어 봅시다.

활용

活用

훈음	살 **활**, 쓸 **용**
풀이	그것이 지닌 능력이나 기능을 잘 살려 씀
쓰임	버리는 물건을 活用하여 인형을 만들어 봅시다.

상품

賞品

훈음	상줄 **상**, 물건 **품**
풀이	상으로 주는 물건
쓰임	賞品은 도서상품권입니다.

특징

特徵

훈음	특별할 **특**, 부를 **징**
풀이	특별히 눈에 띄는 점
쓰임	친구 얼굴의 特徵을 발견하여 그림으로 표현해 봅시다.

이용

利用

훈음	이로울 **리**, 쓸 **용**
풀이	물건을 이롭게 쓰거나 쓸모 있게 씀
쓰임	재활용품을 利用한 미술 활동을 합니다.

평가

評價

훈음	평론할 **평**, 값 **가**
풀이	사람이나 어떤 것의 가치를 판단함
쓰임	수업 활동 評價는 성실하게 했는지를 가장 크게 봅니다.

교과서 한자어 자세히 알기

평소
平素
훈음 평평할 **평**, 흴, 본디 **소**
풀이 보통 때
쓰임 平素에 우리가 할 수 있는 효도엔 무엇이 있을까요?

검소
儉素
훈음 검소할 **검**, 흴 **소**
풀이 겉치레하지 않고 수수함. 꾸밈이 없이 무던함
쓰임 儉素한 생활이 나라의 경제를 살립니다.

안전
安全
훈음 편안할 **안**, 온전할 **전**
풀이 위험하지 않음. 위험이 없음, 또는 그러한 상태
쓰임 실험 기간에는 安全에 특히 유의합시다.

무관심
無關心
훈음 없을 **무**, 관계할, 빗장 **관**, 마음 **심**
풀이 관심이 없음.
쓰임 가난한 이웃들에게 無關心한 것은 죄악입니다.

반성
反省
훈음 되돌릴 **반**, 살필 **성**
풀이 자기의 말과 행동, 생각 등의 잘잘못이나 옳고 그름을 깨닫기 위해 스스로를 돌이켜 살핌
쓰임 일기는 하루를 反省하는데 도움이 됩니다.

同	名	異	人
같을 동	이름 명	다를 이	사람 인

동명이인

이름은 같으나 사람이 다름

大	同	小	異
큰 대	같을 동	작을 소	다를 이

대동소이

'거의 같고 조금 다르다.'는 뜻으로, 비슷비슷한 경우

同	苦	同	樂
같을 동	괴로울 고	같을 동	즐거울 락

동고동락

괴로움과 즐거움을 같이함

名	實	相	符
이름 명	실제 실	서로 상	들어맞을 부

명실상부

'이름과 실상이 서로 들어맞는다.'라는 뜻으로, 밖으로 알려진 것과 실제의 상황이 서로 일치하는 경우

有	名	無	實
있을 유	이름 명	없을 무	열매 실

유명무실

'이름만 있고 실제 내용은 없다.' 는 뜻으로, 알려진 이름만큼 실제 내용이 미치지 못하는 경우

靑	天	白	日
푸를 청	하늘 천	흰 백	날 일

청천백일

'푸른 하늘에 밝은 날' 이라는 뜻으로, 훤하게 밝은 대낮을 이르는 말

靑	山	流	水
푸를 청	메 산	흐를 류	물 수

청산유수

'푸른 산에 흐르는 물' 처럼 말을 거침없이 잘하는 경우

忘	年	之	交
잊을 망	나이 년	갈, 어조사 지	사귈 교

망년지교

'나이를 따지지 않고 사귐' 이라는 뜻으로, 나이와 관계없이 서로 마음이 맞아 친구가 되는 경우

단원 마무리 연습문제

♣ 다음 한자의 뜻과 음을 쓰세요. (1~8)

1. 同(   ) (   )

2. 名(   ) (   )

3. 靑(   ) (   )

4. 年(   ) (   )

5. 方(   ) (   )

6. 內(   ) (   )

7. 南(   ) (   )

8. 向(   ) (   )

♣ 다음 문장의 O안에 들어갈 한자를 〈보기〉의 한자에서 찾아 쓰세요. (9~13)

보기

| 東 | 靑 | 北 | 同 |
| 名 | 年 | 外 | 天 |

9. 이 문제는 지난번 시험에 나왔던 문제와 O일 합니다.
(   )

10. 우리 학교 체육복은 O색입니다.
(   )

11. 시험지에 성O을 정확하게 쓰세요.
(   )

12. 우리들은 1학O입니다.
(   )

13. 두 도형은 세 변과 세각이 같은 합O삼각형입니다.
(   )

♣ 다음 (   )안에 들어간 단어의 알맞은 한자어를 바르게 쓴 것을 고르세요. (14~22)

14. 실험 시간에는 (안전)에 특히 유의합시다.
① 安全   ② 安田   ③ 安前   ④ 安電

15. 두 그림의 (차이)를 발견해 봅시다.
① 車異   ② 差異   ③ 車二   ④ 差二

16. 다음 (문제)를 나눗셈을 이용하여 풀어 봅시다.
① 文題   ② 文弟   ③ 問題   ④ 問弟

17. 버리는 물건을 (활용)하여 인형을 만들어 봅시다.
① 方向   ② 評價   ③ 方法   ④ 活用

18. 그 대회의 (상품)은 도서상품권입니다.
① 賞品   ② 上品   ③ 賞金   ④ 上金

19. 수업 활동 (평가)는 활동을 얼마나 성실하게 했는지를 가장 크게 봅니다.
① 平家   ② 評價   ③ 評家   ④ 平價

20. (평소)에 우리가 할 수 있는 효도엔 무엇이 있을까요?
① 評素   ② 評小   ③ 平素   ④ 平小

21. 친구 얼굴의 (특징)을 발견하여 그림으로
표현해 봅시다.
① 安全　　② 利用　　③ 順序　　④ 特徵

22. 재활용품을 (이용)한 미술 활동을 합니다.
① 利用　　② 全用　　③ 二用　　④ 方向

♣ 다음 지시에 알맞은 답을 〈보기〉에서 골라 쓰세요.
(23~25)

보기

| 同 | 年 | 名 | 靑 | 上 |

23. 異(다를 이), 이 한자는 '같지 않음'을 뜻하는
한자입니다. 異와 상대되는 뜻을 갖는 한자를
쓰세요.

(　　　　　　)

24. 푸른색을 뜻하는 한자를 쓰세요.

(　　　　　　)

25. 下와 상대되는 뜻을 갖는 한자를 쓰세요.

(　　　　　　)

연습문제
정답

1. (한가지) (동)	2. (이름) (명)	3. (푸를) (청)	4. (해) (년)	5. (모) (방)	6. (안) (내)	7. (남녘) (남)
8. (향할) (향)	9. 同	10. 靑	11. 名	12. 年	13. 同	14. ①
15. ②	16. ③	17. ④	18. ①	19. ②	20. ③	21. ④
22. ①	23. 同	24. 靑	25. 上			

4. 역사, 지리

| 학습의 주안점 |

이 단원에서는 역사, 지리와 관련 있는 한자들을 읽고 쓰며, 그 뜻을 정확히 알도록 노력합시다.

4. 역사, 지리

한 자 자 격 시 험 6 급

새로 익힐 선정 한자

正	바를	정	主	주인	주
文	글월	문	寸	마디	촌

교과서에 나오는 한자어

일주	一周	착륙	着陸
주변	周邊		

正
바를 정

훈	바를(바르다)	음	정	부수	止
필순	一丁下正正			총획수	5

도움말: '一'(한 일)과 '止'(그칠 지)를 더한 글자로, 사람이 땅에 발을 딛고 바르게 서 있다는 데서 '바르다'의 뜻을 지닌다.

쓰임: 正答(정답): 문제를 잘 듣고 正答을 맞추세요.
正直(정직): 正直한 어린이가 되어야 합니다.

文
글월 문

훈	글월	음	문	부수	文
필순	丶一ナ文			총획수	4

도움말: 사람의 몸에 그린 무늬 모양을 본뜬 글자로, '무늬'라는 뜻에서 나아가 '글월'의 뜻을 지닌다.

쓰임: 文身(문신): 몸에 文身을 하는 것은 좋지 못합니다.
韻文(운문): 나는 백일장 韻文부문에서 장원을 하였습니다.

主
주인 주

훈	주인	음	주	부수	丶
필순	丶一二主主			총획수	5

도움말: 촛대 위의 심지에서 불이 타고 있는 모습을 본뜬 글자로, 밤의 등불이 집안의 가운데에 있다는 데서 '주인'의 뜻을 지닌다.

쓰임: 主人(주인): 상점에는 主人이 없습니다.
主語(주어): 이 문장에는 主語가 생략되었습니다.

寸
마디 촌

훈	마디	음	촌	부수	寸
필순	一十寸			총획수	3

도움말: '又'(오른손 우)와 '丶'(점 주)를 더한 글자로, 손목에서 맥박이 뛰는 곳까지 한마디를 나타낸다는 데서 '마디'의 뜻을 지닌다.

쓰임: 寸刻(촌각): 이 일은 寸刻을 다투는 일입니다.
寸數(촌수): 나와 영수는 寸數로 사촌 간입니다.

교과서 한자어 자세히 알기

일주

一周

훈음	하나 **일**, 두루 **주**
풀이	한 바퀴를 돎, 또는 그 한 바퀴
쓰임	세계 一周, 전국 一周

주변

周邊

훈음	두루 **주**, 가 **변**
풀이	둘레의 언저리
쓰임	우리 周邊의 자연 보호 방법을 찾아 봅시다.

착륙

着陸

훈음	붙을 **착**, 뭍 **륙**
풀이	뭍에 다다름
쓰임	비행기가 땅에 닿는 것을 着陸이라고 합니다.

 쉬어가는 페이지

漢字(한자)를 공부하는 방법

漢字(한자)를 공부하는 방법의 지름길은 字典(자전)을 늘 가까이하여 찾아보는 것이라 생각된다. 아울러 국어사전도 겸비하여 같은 단어라도 국어사전을 통하여 정확하게 배워야한다. "공사"라는 우리말은 한자를 쓰면, 工事(만드는일), 公私(공과 사), 空士(공군사관학교의 준말), 公使(외교관을 일컫는 말) 등 많기 때문에 자전을 통해서 한자를 익히고, 국어사전을 이용하여 말하고자 하는 정확한 의미의 단어를 사용해야 한다.

正	正	堂	堂
바를 정	바를 정	당당할 당	당당할 당

정정당당

태도나 처지가 바르고 떳떳함

文	房	四	友
글월 문	방 방	넉 사	벗 우

문방사우

'서재에 있어야 할 네 가지 벗'으로 종이, 붓, 벼루, 먹을 일컫는 말

不	立	文	字
아니 불	설 립	글월 문	글자 자

불립문자

'문자로써 세우지 않는다.'는 뜻으로, 깨달음은 마음에서 마음으로 전해지는 것이지, 말이나 문자로 전해지는 것이 아니라는 뜻

一	寸	光	陰
하나 일	마디 촌	빛 광	그늘 음

일촌광음

아주 짧은 시간

www.hanja114.org

聞	一	知	十
들을 **문**	하나 **일**	알 **지**	열 **십**

문일지십

'하나를 들으면 열을 안다.' 는 뜻으로, 매우 총명한 경우

水	魚	之	交
물 **수**	물고기 **어**	갈, 어조사 **지**	사귈 **교**

수어지교

'물과 물고기의 사귐' 이라는 뜻으로, 매우 친밀하여 떨어질 수 없는 사이를 이르는 말

此	日	彼	日
이 **차**	날 **일**	저 **피**	날 **일**

차일피일

'이날이다 저날이다.' 하며 약속이나 기한을 자꾸 미룸

事	必	歸	正
일 **사**	반드시 **필**	돌아갈 **귀**	바를 **정**

사필귀정

'일은 반드시 바른 곳으로 돌아감' 이라는 뜻으로, 모든 일은 반드시 바른 곳으로 돌아간다는 뜻

단원 마무리 연습문제

♣ 다음 한자의 뜻과 음을 쓰세요. (1~8)

1. 正(   ) (   )

2. 文(   ) (   )

3. 主(   ) (   )

4. 寸(   ) (   )

5. 南(   ) (   )

6. 名(   ) (   )

7. 年(   ) (   )

8. 靑(   ) (   )

♣ 다음 〈예〉의 밑줄 친 부분을 뜻으로 갖는 한자를 〈보기〉에서 골라 쓰세요. (9~13)

예

그 친구와 나는 9.같은 10.해에 11.태어났고 비슷한 취미를 가져서 아주 친하게 지낸다. 친척은 12.촌수가 있지만 부부는 무촌이라는데, 그 친구는 나와 그런 무촌 같은 사이다. 미래에 대한 꿈도 비슷해서 같은 13.방향의 직업을 갖게 될 것이다.

보기

寸   向   生   年   同

9. _____

10. _____

11. _____

12. _____

13. _____

♣ 다음 (   )안에 들어간 단어의 알맞은 한자어를 바르게 쓴 것을 고르세요. (14~19)

14. 그는 세계 (일주)를 했습니다.
    ① 一周   ② 一主   ③ 日周   ④ 日主

15. 비행기가 땅에 닿는 것을 (착륙)이라고 합니다.
    ① 着六   ② 着陸   ③ 着時   ④ 着土

16. 우리 (주변)에서 자연보호 방법을 찾아봅시다.
    ① 主邊   ② 主人   ③ 周邊   ④ 周人

17. 일기는 하루를 (반성)하는데 도움이 됩니다.
    ① 半成   ② 半省   ③ 反成   ④ 反省

18. 가난한 이웃들에게 (무관심)한 것은 죄악입니다.
    ① 無關心   ② 無表情
    ③ 無所有   ④ 無資格

19. (검소)한 생활이 나라의 경제를 살립니다.
    ① 儉小   ② 儉素   ③ 儉少   ④ 劍序

♣ 다음 지시에 알맞은 답을 〈보기〉에서 골라 쓰세요. (20~25)

보기

年　同　寸　向　文　內

20. '세월'과 관련 있는 한자를 찾아 쓰세요.
（　　　　　　）

21. '친척'과 관련 있는 한자를 찾아 쓰세요.
（　　　　　　）

22. 方과 관련 있는 한자를 찾아 쓰세요.
（　　　　　　）

23. 東과 소리가 같은 한자를 찾아 쓰세요.
（　　　　　　）

24. 間과 소리가 같은 한자를 찾아 쓰세요.
（　　　　　　）

25. 外와 반대의 뜻을 가진 한자를 찾아 쓰세요.
（　　　　　　）

연습문제 정답

1. (바를) (정)	2. (글월) (문)	3. (주인) (주)	4. (마디) (촌)	5. (남녘) (남)	6. (이름) (명)	7. (해) (년)
8. (푸를) (청)	9. 同	10. 年	11. 生	12. 寸	13. 向	14. ①
15. ②	16. ③	17. ④	18. ①	19. ②	20. 年	21. 寸
22. 向	23. 同	24. 文	25. 內			

5. 나와 우리

| 학습의 주안점 |

이 단원에서는 공동체 생활과 관련 있는 한자들을 공부하게 됩니다. 공동체 생활과 관련이 깊은 한자들을 읽고 쓰며, 그 뜻을 정확히 알도록 노력하고 민주적 생활 태도가 무엇인지 함께 생각해 보도록 합시다.

새로 익힐 선정 한자

弟	아우	제	少	적을	소
夫	지아비	부	夕	저녁	석

교과서에 나오는 한자어

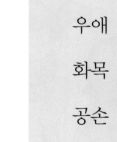

효도	孝道	고민	苦悶
우애	友愛	최선	最善
화목	和睦	실천	實踐
공손	恭遜		

www.hanja114.org

弟
아우 제

弟

훈	아우	음	제	부수	弓
필순	´ ´ ´ ᇹ ᇦ 弟 弟			총획수	7
도움말	화살을 뜻하는 '弋'(주살 익)에 끈 '弓'(韋-가죽위의 변형)을 묶는 모양으로, '순서'의 의미를 가지고 다시 '형제'라는 뜻이 파생되었다.				
쓰임	兄弟(형제): 兄弟 간에는 우애가 있어야 합니다. 妻弟(처제): 우리 아빠는 작은 이모를 妻弟라고 부릅니다.				

夫
지아비 부

夫

훈	지아비, 사내	음	부	부수	大
필순	一 二 尹 夫			총획수	4
도움말	'大'(큰 대)와 '一'(한 일)을 더한 글자로, 상투가 풀어지지 않게 상투에 동곳을 튼 사내, 즉 결혼을 한 '지아비'를 뜻한다.				
쓰임	夫婦(부부): 夫婦는 믿음과 사랑으로 살아갑니다. 農夫(농부): 農夫가 여름내 열심히 일한 곡식을 우리가 먹습니다.				

少
적을 소

少

훈	적을(적다)	음	소	부수	小
필순	´ ´ 小 少			총획수	4
도움말	'小'(작을 소)와 'ノ'(삐침 별)을 더한 글자로, 물체에서 귀퉁이가 떨어져 나가 작아진다는 데서 '적다'의 뜻을 지닌다.				
쓰임	少女(소녀): 少女는 얼굴이 발그레해졌습니다. 多少(다소): 이번 일은 多少 어려웠습니다.				

夕
저녁 석

夕

훈	저녁	음	석	부수	夕
필순	ノ ク 夕			총획수	3
도움말	'月'(달 월)에서 한 획을 빼서 만든 글자로, 달이 뜰 무렵인 '저녁'을 뜻하는 글자.				
쓰임	夕陽(석양): 夕陽이 비치는 하늘이 매우 아름답습니다. 秋夕(추석): 秋夕에는 송편을 빚고, 햇곡식을 먹습니다.				

교과서 한자어 자세히 알기

효도 孝道

훈음 효도 **효**, 길 **도**
풀이 부모님을 잘 섬김
쓰임 부모님께 평소에 할 수 있는 작은 孝道를 하도록 합시다.

우애 友愛

훈음 벗 **우**, 사랑 **애**
풀이 형제 간이나 친구 사이의 도타운 정과 사랑
쓰임 형제 간에 友愛있게 지내는 것도 효도입니다.

화목 和睦

훈음 화할, 화목할 **화**, 화목할 **목**
풀이 뜻이 맞고 정다움
쓰임 和睦한 가정은 나부터 노력해야 만들어 집니다.

공손 恭遜

훈음 공손 **공**, 겸손할 **손**
풀이 예의 바르고 겸손함
쓰임 웃어른께 恭遜한 어린이가 됩시다.

고민 苦悶

훈음 괴로울, 쓸 **고**, 민망할, 어두울 **민**
풀이 괴로워하고 속을 태움
쓰임 苦悶이 있을 때는 부모님과 상의하여 해결하도록 합시다.

최선

最善

훈음	가장 **최**, 착할 **선**
풀이	가장 좋거나 훌륭함, 또는 그런 것
쓰임	最善을 다해 공부하면 좋은 결과가 옵니다.

실천

實踐

훈음	열매 **실**, 밟을 **천**
풀이	실제로 행동함
쓰임	하루에 한 가지라도 선행을 實踐합시다.

쉬어가는 페이지 | 文字(문자)란 무엇인가?

文이란 예전에는 무늬를 뜻하는 글자였으나 지금에 와서 글이라는 뜻으로 쓰여지고, 字는 집에서 아이를 낳듯이 새로운 의미를 뜻하는 글자로 쓰여진다. 洋(양)에서 살펴보면 水와 羊이 합해져서 이루어진 글자이므로 水와 羊은 '文'인 셈이고 洋은 '字'인 셈이다. 따라서 文字(문자)란 기초로 쓰여진 글자(상형, 지사)와 뜻과 뜻, 뜻과 소리가 더해져 새로운 의미의 글자(회의, 형성)를 모두 뜻하는 것이다.

한자성어 첫걸음

一	朝	一	夕
하나 **일**	아침 **조**	하나 **일**	저녁 **석**

일조일석

'하루 아침 하루 저녁'이라는 뜻으로, 아주 짧은 시일을 이르는 말

匹	夫	匹	婦
짝 **필**	지아비 **부**	짝 **필**	지어미 **부**

필부필부

'한 명의 남편과 한명의 아내', 즉 평범한 보통 사람

權	不	十	年
권세 **권**	아니 **불**	열 **십**	해 **년**

권불십년

'권세가 십년을 가지 못한다.'는 뜻으로, 권력은 영원하지 못함을 이름

花	朝	月	夕
꽃 **화**	아침 **조**	달 **월**	저녁 **석**

화조월석

'꽃이 피는 아침과 달이 뜨는 저녁'이란 뜻으로, 경치가 좋을 때를 이르는 말

靑	雲	之	志
푸를 **청**	구름 **운**	갈, 어조사 **지**	뜻 **지**

청운지지

'푸른 구름의 뜻'으로 입신 출세하려는 의지를 일컫는 말

百	年	河	淸
일백 **백**	해 **년**	물 **하**	맑을 **청**

백년하청

'황하의 물이 맑기를 기다린다.'는 뜻으로, 아무리 바라고 기다려도 실현될 가망성이 없는 경우

杜	門	不	出
막을 **두**	문 **문**	아니 **불**	날 **출**

두문불출

문을 닫고 세상 밖으로 나가지 아니함

百	年	偕	老
일백 **백**	해 **년**	함께 **해**	늙을 **로**

백년해로

'백년을 함께 늙음'이라는 뜻으로, 부부가 되어 서로 늙을 때까지 화평하게 즐김을 뜻함

단원 마무리 연습문제

♣ 다음 한자의 뜻과 음을 쓰세요. (1~8)

1. 弟(   ) (   )

2. 夫(   ) (   )

3. 少(   ) (   )

4. 夕(   ) (   )

5. 方(   ) (   )

6. 寸(   ) (   )

7. 靑(   ) (   )

8. 東(   ) (   )

♣ 다음 뜻을 가진 한자어를 〈보기〉의 한자를 이용하여 만들어 쓰세요. (9~13)

> 보기
>
> 少   弟   子   年   上   同

9. 아주 어리지도 않고 완전히 자라지도 않는 남자 아이를 말합니다.

(   )

10. 같은 해, 같은 나이를 말합니다.

(   )

11. 스승의 가르침을 받는 사람을 말합니다.

(   )

12. 비교하여 나이가 더 많은 쪽의 사람을 말합니다.

(   )

13. 위에 적은 사실과 똑같다는 뜻이지요.

(   )

♣ 다음 (   )안에 들어간 단어의 알맞은 한자어를 바르게 쓴 것을 고르세요. (14~20)

14. 부모님께 평소에 할 수 있는 작은 (효도)를 하도록 합시다.
① 孝圖   ② 孝道   ③ 孝刀   ④ 孝度

15. (화목)한 가정은 나부터 노력해야 만들어 집니다.
① 火木   ② 火睦   ③ 和睦   ④ 和木

16. 웃어른께 (공손)한 어린이가 됩시다.
① 工遜   ② 公遜   ③ 共遜   ④ 恭遜

17. (고민)이 있을 때는 부모님과 상의하십시오.
① 苦悶   ② 高民   ③ 苦民   ④ 高憫

18. 하루에 하나씩 선행을 (실천)합시다.
① 實踐   ② 實天   ③ 實川   ④ 實千

19. (최선)을 다해 공부하면 좋은 결과가 옵니다.
① 最先   ② 最善   ③ 崔善   ④ 崔先

20. 형제가 (우애)있게 지내는 것도 효도입니다.
① 友愛   ② 牛愛   ③ 雨愛   ④ 右愛

♣ 다음 지시에 알맞은 답을 〈보기〉에서 골라 쓰세요. (21~25)

보기

夕　少　弟　夫　同

21. 月과 관련 있는 한자를 찾아 쓰세요. (　　　　　)

22. 兄과 반대의 뜻을 가진 한자를 찾아 쓰세요. (　　　　　)

23. 男과 관련 있는 한자어를 찾아 쓰세요. (　　　　　)

24. 東과 음이 같은 한자어를 찾아 쓰세요. (　　　　　)

25. 父와 음이 같은 한자어를 찾아 쓰세요. (　　　　　)

연습문제 정답

1. (아우) (제)　2. (지아비) (부)　3. (적을) (소)　4. (저녁) (석)　5. (모) (방)　6. (마디) (촌)　7. (푸를) (청)

8. (동녘) (동)　9. 少年　10. 同年　11. 弟子　12. 年上　13. 上同　14. ②

15. ③　16. ④　17. ①　18. ①　19. ②　20. ①　21. 夕

22. 弟　23. 夫　24. 同　25. 夫

6. 연습문제 및 최근 기출문제

한자실력급수 자격시험 **6**급 연습문제 〈1〉

객관식 (1~30번)

※ [　　] 안의 한자의 음(소리)으로 알맞은 것은?

1. [西]　　① 동 ② 서 ③ 남 ④ 북

2. [火]　　① 화 ② 수 ③ 목 ④ 금

3. [六]　　① 삼 ② 팔 ③ 오 ④ 륙

4. [門]　　① 간 ② 문 ③ 민 ④ 분

5. [內]　　① 입 ② 안 ③ 내 ④ 외

※ [　　] 안의 한자와 음이 같은 것은?

6. [自]　① 子 ② 金 ③ 女 ④ 目

7. [水]　　① 方 ② 北 ③ 手 ④ 石

8. [川]　　① 小 ② 十 ③ 一 ④ 千

※ [　　] 안의 한자와 뜻이 반대되거나 상대되는 한자는?

9. [上]　① 夫 ② 下 ③ 山 ④ 子

10. [出]　① 中 ② 母 ③ 五 ④ 入

※ 〈보기〉의 단어들과 가장 관련이 깊은 한자는?

11.
〈보기〉	하늘	바다	소나무

　　① 白　　② 同　　③ 靑　　④ 名

12.
〈보기〉	나이	사계절	세월

　　① 年　　② 生　　③ 南　　④ 八

13.
〈보기〉	일출	동해	해돋이

　　① 木　　② 外　　③ 百　　④ 東

※ [　　] 안의 설명에 맞는 한자어를 완성할 때, ○에 들어갈 한자는?

14. ○子 : [임금의 아들.]

　　① 弟　　② 王　　③ 土　　④ 父

15. ○山 : [강과 산이라는 뜻으로, 자연의 경치를 이르는 말.]

　　① 文　　② 少　　③ 江　　④ 三

※ [   ] 안의 한자어의 독음(소리)으로 알맞은 것은?

16. 물속에 사는 동물들의 [共通]점을 찾아봅시다.
　① 공동　② 차이　③ 차별　④ 공통

17. 경시대회에서 1등을 하여 [賞品]을 받았습니다.
　① 상장　② 물품　③ 상품　④ 대상

18. 저는 여러 [種類]의 우표를 수집하고 있습니다.
　① 종류　② 분류　③ 형태　④ 모양

19. 자기 [周邊]을/를 깨끗이 정리하는 습관을 길러야 합니다.
　① 주의　② 자리　③ 주장　④ 주변

20. 그는 웃어른께 매우 [恭遜]하게 인사를 했습니다.
　① 공손　② 겸양　③ 공경　④ 겸손

※ [   ] 안의 한자어의 뜻으로 알맞은 것은?

21. [順序]
① 특별히 눈에 띄는 점.
② 정하여져 있는 차례.
③ 적은 것을 보지 않고 입으로 외움.
④ 전체를 몇 가지로 구분하여 놓음.

22. [合]
① 여럿을 한데 모은 수.
② 해답을 얻으려고 낸 물음.
③ 둘 이상의 사물을 견주었을 때에, 서로 다르게 나타나는 수준이나 정도.
④ 숫자, 문자, 기호를 써서 이들 사이의 수학적 관계를 나타낸 것.

23. [和睦]
① 여럿 사이에 두루 쓰이거나 관계됨.
② 어떤 까닭으로 말미암아 이루어지는 결말.
③ 마주 대하여 이야기를 주고받음.
④ 서로 뜻이 맞고 정다움.

24. [儉素]
① 재산이 많고 지위가 높음.
② 남을 구박하고 업신여김.
③ 사치하지 않고 꾸밈없이 수수함.
④ 가난하여 살기가 어려움.

25. [溫度]

① 공기 가운데 수증기가 들어 있는 정도.

② 지구의 기온이 높아지는 현상.

③ 따뜻함과 차가움의 정도. 또는 그것을 나타내는 수치.

④ 따뜻한 기운과 찬 기운을 아울러 이르는 말.

※ [   ] 안에 들어갈 한자어로 알맞은 것은?

26. 에디슨은 한 가지를 [   ]하기 위해 200회 이상의 실패를 거듭했다.

　① 問題　② 表現　③ 發明　④ 加熱

27. 방학기간 중 나비의 성장과정을 [   ]하였습니다.

　① 觀察　② 反省　③ 區間　④ 特徵

28. 우리 가족은 시립 도서관을 자주 [   ]합니다.

　① 物體　② 計算　③ 苦悶　④ 利用

29. 이 [   ]의 각도를 재어봅시다.

　① 實踐　② 朗誦　③ 活用　④ 圖形

30. 쓰레기 [   ]수거는 가정에서부터 실천해야 합니다.

　① 距離　② 分離　③ 對話　④ 結果

주관식 (31~80번)

※ 다음 한자의 훈(뜻)과 음(소리)을 한글로 쓰시오.

31. 向 (   )

32. 天 (   )

33. 外 (   )

34. 百 (   )

35. 弟 (   )

36. 土 (   )

37. 父 (   )

38. 金 (   )

39. 文 (   )

40. 少 (   )

※ [   ] 안의 뜻을 가진 한자를 〈보기〉에서 찾아 쓰시오.

〈보기〉	生 八 白 中 名 木 同 母 南 五

41. 그는 어려운 [**가운데**]에서도 남을 돕는다.
　　　　　　　　　　　　　　(　　　　　　)

42. 나는 [**어머니**]와 함께 공원에 갔습니다.
　　　　　　　　　　　　　　(　　　　　　)

43. 사촌 동생이 [**다섯**] 살이 되었습니다.
　　　　　　　　　　　　　　(　　　　　　)

44. 동생이 [**하얀**] 이를 드러내며 웃고 있다.
　　　　　　　　　　　　　　(　　　　　　)

45. 시간은 금과 [**같으나**], 금으로 시간을 살
　　수 없습니다.　　　　(　　　　　　)

46. 출석부에는 학생들의 [**이름**]이 적혀있습니다.
　　다.　　　　　　　　(　　　　　　)

47. 사람은 [**나면서**]부터 아는 것이 아니기에
　　항상 배워야 한다.　(　　　　　　)

48. [**남쪽**]으로 내려갔던 기러기는 아무 소식이
　　없네.　　　　　　　(　　　　　　)

49. [**여덟**]시가 넘어서 아버지께서 집에 돌아오
　　셨다.　　　　　　　(　　　　　　)

50. 봄이 온 궁궐에는 [**나무**]와 풀이 무성합니다.
　　　　　　　　　　　　　　(　　　　　　)

※ 훈(뜻)과 음(소리)에 맞는 한자를 〈보기〉에서 찾아 쓰시오.

〈보기〉	二 兄 立 男 力 九 足 主 三 口

51. 석　　　삼　　(　　　　　　)

52. 사내　　남　　(　　　　　　)

53. 주인　　주　　(　　　　　　)

54. 설　　　립　　(　　　　　　)

55. 발　　　족　　(　　　　　　)

56. 힘　　　력　　(　　　　　　)

57. 두　　　이　　(　　　　　　)

58. 입　　　구　　(　　　　　　)

59. 맏　　　형　　(　　　　　　)

60. 아홉　　구　　(　　　　　　)

※ 한자어의 독음(소리)을 한글로 쓰시오.

61. 母女 （　　　　　）

62. 南北 （　　　　　）

63. 同一 （　　　　　）

64. 木石 （　　　　　）

65. 名目 （　　　　　）

66. 白金 （　　　　　）

67. 中小 （　　　　　）

68. 八方 （　　　　　）

69. 生日 （　　　　　）

70. 五十 （　　　　　）

※ 〈보기〉의 뜻을 참고하여 ○안에 공통으로 들어갈 한자를 쓰시오.

71. (1) ○ 門　　(2) ○ 月　　　　（　　　　）

| 〈보기〉 | (1) 건물의 정면에 있는 주가 되는 출입문. |
| | (2) 음력으로 한 해의 첫째 달. |

72. (1) 人 ○　　(2) 內 ○　　　　（　　　　）

| 〈보기〉 | (1) 사람의 마음. |
| | (2) 겉으로 드러나지 아니한 실제의 마음. |

73. (1) ○ 夫　　(2) 人 ○　　　　（　　　　）

| 〈보기〉 | (1) 학문이나 기술을 배우고 익힘. |
| | (2) 사람의 힘으로 자연에 대하여 가공하거나 작용을 하는 일. |

※ [　　] 안의 단어를 한자로 쓰시오.

74. 주말에 [사촌]들과 놀이공원에 갔습니다.
　　　　　　　　　　　　　　　　　（　　　　　）

75. 견우와 직녀는 칠월 [칠석]에 만난다고 합니다.　　　　　　　　　　　（　　　　　）

※ [   ]안의 한자어를 한글로 쓰시오.

76. 실험 시간에는 [安全]에 유의하여야 합니다.   (   )

77. 나는 [最善]을 다해 달렸습니다.

(   )

78. 정확한 사용법을 알고 실험 [器具]를 사용해야 합니다.   (   )

79. 도덕 [時間]에 배운 내용을 마음에 새기고, 생활 속에서 늘 실천하도록 합시다.

(   )

80. 그녀는 온몸을 곧게 뻗으며 [垂直]으로 입수하였습니다.   (   )

객관식 (1~30번)

※ [   ] 안의 한자의 음(소리)으로 알맞은 것은?

1. [人]   ① 인 ② 입 ③ 팔 ④ 륙

2. [年]   ① 년 ② 월 ③ 일 ④ 십

3. [心]   ① 삼 ② 리 ③ 상 ④ 심

4. [山]   ① 하 ② 산 ③ 중 ④ 토

5. [下]   ① 대 ② 소 ③ 상 ④ 하

※ [   ] 안의 한자와 음이 같은 것은?

6. [夕]   ① 北 ② 石 ③ 三 ④ 上

7. [文]   ① 水 ② 十 ③ 門 ④ 月

8. [南]   ① 自 ② 男 ③ 千 ④ 土

※ [   ] 안의 한자와 뜻이 반대되거나 상대되는 한자는?

9. [弟]   ① 向 ② 出 ③ 兄 ④ 生

10. [足]   ① 七 ② 四 ③ 火 ④ 手

※ <보기>의 단어들과 가장 관련이 깊은 한자는?

11.
<보기>	방안	내복	실내

    ① 正   ② 內   ③ 方   ④ 寸

12.
<보기>	일출	독도	해맞이

    ① 東   ② 中   ③ 八   ④ 目

13.
<보기>	주체	집주인	주장

    ① 日   ② 小   ③ 一   ④ 主

※ [   ] 안의 설명에 맞는 한자어를 완성할 때, ○에 들어갈 한자는?

14. ○出 : [집이나 근무지 따위에서 벗어나 잠시 밖으로 나감.]

    ① 子   ② 名   ③ 外   ④ 王

15. ○生 : [같은 부모에게서 태어난 자식 가운데 나이가 적은 사람.]

    ① 二   ② 五   ③ 川   ④ 同

※ [   ] 안의 한자어의 독음(소리)으로 알맞은 것은?

16. 부모님께 [孝道]하는 것은 당연하다.

　　① 기도　② 효심　③ 인사　④ 효도

17. 누나는 항상 나를 잘 [理解]해준다.

　　① 이해　② 분해　③ 분석　④ 이치

18. 모래와 자갈의 [混合物]을 분리하는 실험을 하였다.

　　① 동식물　② 혼합물　③ 음식물　④ 미생물

19. 하루에 한 가지라도 선행을 [實踐]합시다.

　　① 실천　② 현실　③ 실행　④ 확실

20. 정해진 순서대로 의자를 [配列]하였다.

　　① 나열　② 배치　③ 배열　④ 배정

※ [   ] 안의 한자어의 뜻으로 알맞은 것은?

21. [暗誦]

① 자기 의사를 밖으로 나타내지 아니함.

② 글을 보지 아니하고 입으로 욈.

③ 신성한 대상을 찬미하는 노래.

④ 서로 떨어져 있는 두 곳 사이의 길이.

22. [特徵]

① 특별히 눈에 띄는 점.

② 여럿 사이에 두루 쓰이거나 관계됨.

③ 추상적인 개념이나 사물을 구체적인 사물로 나타냄.

④ 어떤 일이 생길 기미.

23. [差]

① 주어진 수나 식을 일정한 규칙에 따라 처리하여 수치를 구하는 일.

② 숫자, 문자, 기호를 써서 이들 사이의 수학적 관계를 나타낸 것.

③ 여럿이 한데 모임. 또는 여럿을 한데 모음.

④ 둘 이상의 사물을 견주었을 때, 서로 다르게 나타나는 수준이나 정도.

24. [平素]

① 본디부터 가지고 있는 성질. 또는 타고난 능력이나 기질.

② 국가나 사회에서 정하여 다 함께 쉬는 날.

③ 특별한 일이 없는 보통 때.

④ 사물이나 현상을 주의하여 자세히 살펴봄.

25. [加熱]

　① 차례로 줄을 서서 기다림.

　② 모임이나 단체 또는 일에 관계하여 들어감.

　③ 점점 속도를 더함.

　④ 어떤 물질에 열을 가함.

※ [ ] 안에 들어갈 한자어로 알맞은 것은?

26. 연극 '왕자와 거지'에서 거지 [　]을 맡았다.

　　① 役割　② 圖形　③ 恭遜　④ 垂直

27. 의견 차이가 생길 때는 [　]를 통해 해결하도록 합니다.

　　① 器具　② 分離　③ 對話　④ 順序

28. 학교는 걸어서 5분 [　]에 위치해 있다.

　　① 安全　② 溫度　③ 種類　④ 距離

29. 그는 자신의 잘못을 깨닫고 [　]하였다.

　　① 周邊　② 最善　③ 和睦　④ 反省

30. 내 키는 형과 [　]가 많이 나지 않는다.

　　① 結果　② 差異　③ 物體　④ 分數

주관식 (31~80번)

※ 다음 한자의 훈(뜻)과 음(소리)을 한글로 쓰시오.

31. 七 (　　　　　)

32. 四 (　　　　　)

33. 火 (　　　　　)

34. 正 (　　　　　)

35. 方 (　　　　　)

36. 寸 (　　　　　)

37. 日 (　　　　　)

38. 中 (　　　　　)

39. 八 (　　　　　)

40. 目 (　　　　　)

※ [   ] 안의 뜻을 가진 한자를 〈보기〉에서 찾아 쓰시오.

〈보기〉	金 百 江 九 立 木 六 力 工 白

41. 이번 달에 읽어야 할 책이 [**여섯**]권이나 된다.　(　　　)

42. 그 [**강**]물은 말없이 동쪽으로 흐른다.　(　　　)

43. 기술 좋은 [**장인**]은 도구를 탓하지 않습니다.　(　　　)

44. 풀과 [**나무**]가 어우러져 수풀을 이룬다.　(　　　)

45. 동쪽에서 불어오는 바람은 [**힘**]이 없어도 온갖 꽃들 시들게 하네.　(　　　)

46. 책을 [**백**] 번 읽으면 뜻을 저절로 알게 된다.　(　　　)

47. 시계를 보니 벌써 [**아홉**]시가 넘었다.　(　　　)

48. 하늘에 [**흰**] 구름이 두둥실 떠 있다.　(　　　)

49. 그는 [**황금**] 같은 기회를 놓쳤다.　(　　　)

50. 누각에 홀로 [**서서**] 하늘을 바라본다.　(　　　)

※ 훈(뜻)과 음(소리)에 맞는 한자를 〈보기〉에서 찾아 쓰시오.

〈보기〉	西 名 二 小 五 王 夫 川 一 子

51. 작을　　소　(　　　)

52. 한　　　일　(　　　)

53. 두　　　이　(　　　)

54. 다섯　　오　(　　　)

55. 내　　　천　(　　　)

56. 아이　　자　(　　　)

57. 이름　　명　(　　　)

58. 임금　　왕　(　　　)

59. 서녘　　서　(　　　)

60. 지아비　부　(　　　)

※ 한자어의 독음(소리)을 한글로 쓰시오.

61. 九月　　（　　　　　　　　）

62. 木工　　（　　　　　　　　）

63. 百金　　（　　　　　　　　）

64. 三千　　（　　　　　　　　）

65. 水力　　（　　　　　　　　）

66. 自立　　（　　　　　　　　）

67. 上向　　（　　　　　　　　）

68. 白土　　（　　　　　　　　）

69. 六十　　（　　　　　　　　）

70. 江北　　（　　　　　　　　）

※ 〈보기〉의 뜻을 참고하여 ○안에 공통으로 들어갈 한자를 쓰시오.

71. ⑴ ○ 山　　⑵ ○ 年　　　（　　　　）

〈보기〉	⑴ 풀과 나무가 무성한 푸른 산. ⑵ 신체적 · 정신적으로 한창 성장하거나 무르익은 시기에 있는 사람.

72. ⑴ ○ 心　　⑵ ○ 下　　　（　　　　）

〈보기〉	⑴ 선천적으로 타고난 마음씨. 하늘의 뜻. ⑵ 하늘 아래 온 세상.

73. ⑴ 人 ○　　⑵ 入 ○　　　（　　　　）

〈보기〉	⑴ 일정한 지역에 사는 사람의 수. ⑵ 들어가는 통로.

※ [　　　] 안의 단어를 한자로 쓰시오.

74. 나는 어버이날을 맞아 [부모]님께 카네이션을 선물했다.　　（　　　　　　）

75. 사진 속 [소녀]의 모습은 마치 동화에 나오는 공주 같았다.　　（　　　　　　）

※ [　] 안의 한자어를 한글로 쓰시오.

76. 짙은 안개 때문에 비행기는 [着陸]에 어려움을 겪었다.　　　　　　（　　　　　）

77. 문장을 마치면 꼭 [點]을 찍어야 합니다.

（　　　　　）

78. 버리는 폐품을 [活用]하여 필요한 물건을 만들어 봅시다.　　　　（　　　　　）

79. 문제를 푸는 [方法]이 꼭 한 가지만 있는 것은 아닙니다.　　　　（　　　　　）

80. 비행시간을 [計算]에 넣고 여행 일정을 짰다.　　　　　　　　（　　　　　）

객관식 (1~30번)

※ [   ] 안의 한자의 음(소리)으로 알맞은 것은?

1. [心]　① 삼　② 심　③ 마　④ 민

2. [江]　① 강　② 산　③ 천　④ 수

3. [東]　① 동　② 서　③ 남　④ 북

4. [立]　① 병　② 토　③ 서　④ 립

5. [百]　① 일　② 십　③ 백　④ 천

※ [   ] 안의 한자와 음이 같은 것은?

6. [日]　① 足　② 一　③ 水　④ 工

7. [夫]　① 金　② 父　③ 十　④ 天

8. [目]　① 王　② 力　③ 子　④ 木

※ [   ] 안의 한자와 뜻이 반대되거나 상대되는 한자는?

9. [男]　① 月　② 千　③ 女　④ 手

10. [內]　① 外　② 向　③ 門　④ 生

※ 〈보기〉의 단어들과 가장 관련이 깊은 한자는?

11.

〈보기〉	성명	출석부	명찰

　① 小　② 六　③ 二　④ 名

12.

〈보기〉	가족	동생	제자

　① 主　② 弟　③ 五　④ 寸

13.

〈보기〉	하늘	바다	소나무

　① 正　② 川　③ 靑　④ 八

※ [   ] 안의 설명에 맞는 한자어를 완성할 때, ○에 들어갈 한자는?

14. ○山 : [남쪽에 있는 산.]

　① 南　② 西　③ 文　④ 東

15. ○上 : [자기보다 나이가 많음. 또는 그런 사람.]

　① 下　② 少　③ 夕　④ 年

※ [　　] 안의 한자어의 독음(소리)으로 알맞은 것은?

16. 그는 주변에서 일어나는 일에 [無關心]한 태도를 보였다.

　① 무능력　② 무관심　③ 무책임　④ 무조건

17. 아무 [理由]없이 자꾸 웃음이 나옵니다.

　① 사상　② 이해　③ 사유　④ 이유

18. 네모 모양의 [物體]에는 주사위, 냉장고 등이 있습니다.

　① 사물　② 물체　③ 물건　④ 도체

19. 우리 형제는 [友愛]이/가 좋습니다.

　① 우정　② 우의　③ 우애　④ 우호

20. 친구에게 [苦悶]을 털어 놓았습니다.

　① 고민　② 고충　③ 고통　④ 고심

※ [　　] 안의 한자어의 뜻으로 알맞은 것은?

21. [朗誦]
① 특별히 눈에 띄는 점.
② 우리나라 고유의 음악.
③ 크게 소리를 내어 글을 읽거나 욈.
④ 흐린 데 없이 밝고 환함.

22. [式]
① 한 집에서 함께 살면서 끼니를 같이하는 사람.
② 숫자, 문자, 기호를 써서 이들 사이의 수학적 관계를 나타낸 것.
③ 떠나는 사람을 이별하여 보내면서 하는 인사말.
④ 둘 이상의 사물을 견주었을 때에, 서로 다르게 나타나는 수준이나 정도.

23. [一周]
① 일정한 기간 동안 해야 할 일을 날짜별로 짜 놓은 것.
② 일정한 경로를 한 바퀴 돎.
③ 물건을 이롭게 쓰거나 쓸모 있게 씀.
④ 어떤 일어났던 바로 그때. 또는 이야기하고 있는 그 시기.

24. [表]
① 해답을 필요로 하는 물음.
② 특징이 되게 하는 어떤 지점.
③ 긴 글을 내용에 따라 나눌 때, 하나하나의 짧은 이야기 토막.
④ 어떤 내용을 일정한 형식과 순서에 따라 보기 쉽게 나타낸 것.

25. [分類]

① 종류에 따라서 가름.

② 어떤 까닭으로 말미암아 이루어지는 결말.

③ 얽혀 있거나 복잡한 것을 풀어서 개별적인 요소나 성질로 나눔.

④ 집이나 학교를 벗어나 잠시 밖으로 나가는 것.

※ [　] 안에 들어갈 한자어로 알맞은 것은?

26. 경찰이 도로의 일부 [　]을 통제했다.

　　① 和睦　② 加熱　③ 區間　④ 方法

27. 우리 모두 통일을 기원하는 [　]를 써봅시다.

　　① 標語　② 理解　③ 差異　④ 對話

28. 아는 [　]를 실수로 틀렸다.

　　① 順序　② 問題　③ 儉素　④ 安全

29. [　]물질을 다룰 때에는 조심해야 합니다.

　　① 垂直　② 化學　③ 周邊　④ 最善

30. 수학 시간에 [　]의 덧셈에 대해 배웠습니다.

　　① 孝道　② 平素　③ 器具　④ 分數

주관식 (31~80번)

※ 다음 한자의 훈(뜻)과 음(소리)을 한글로 쓰시오.

31. 小 (　　　　　　　　)

32. 寸 (　　　　　　　　)

33. 火 (　　　　　　　　)

34. 土 (　　　　　　　　)

35. 口 (　　　　　　　　)

36. 下 (　　　　　　　　)

37. 文 (　　　　　　　　)

38. 正 (　　　　　　　　)

39. 五 (　　　　　　　　)

40. 二 (　　　　　　　　)

※ [　　] 안의 뜻을 가진 한자를 〈보기〉에서 찾아 쓰시오.

〈보기〉	三 女 入 中 四 北 九 人 白 母

41. 그는 손가락으로 [북쪽]을 가리켰다.
　　　　　　　　　　　　(　　　　　)

42. [어머니] 품에 안겨 아기가 잠자고 있다.
　　　　　　　　　　　　(　　　　　)

43. [그녀]에게 꽃 한 송이를 선물했다.
　　　　　　　　　　　　(　　　　　)

44. 내 고향은 [사]면이 산으로 둘러싸인 산골이다.　　　　　　(　　　　　)

45. 지나가는 [사람]에게 길을 물었다.
　　　　　　　　　　　　(　　　　　)

46. [삼]촌과 함께 야구장에 갔다.
　　　　　　　　　　　　(　　　　　)

47. 바쁘신 [가운데] 참석해 주셔서 감사합니다.　　　　　　(　　　　　)

48. [흰] 눈이 온 세상을 하얗게 뒤덮었다.
　　　　　　　　　　　　(　　　　　)

49. 이어서 [아홉]시 뉴스가 방송됩니다.
　　　　　　　　　　　　(　　　　　)

50. 밝은 해는 산에 기대어 저물고, 황하의 물은 바다로 흘러 [들어가네]. (　　　　　)

※ 훈(뜻)과 음(소리)에 맞는 한자를 〈보기〉에서 찾아 쓰시오.

〈보기〉	少 八 金 西 六 兄 七 夕 主 川

51. 여섯　　　륙　　(　　　　　)

52. 주인　　　주　　(　　　　　)

53. 서녘　　　서　　(　　　　　)

54. 저녁　　　석　　(　　　　　)

55. 쇠　　　　금　　(　　　　　)

56. 내　　　　천　　(　　　　　)

57. 맏　　　　형　　(　　　　　)

58. 여덟　　　팔　　(　　　　　)

59. 일곱　　　칠　　(　　　　　)

60. 적을　　　소　　(　　　　　)

※ 한자어의 독음(소리)을 한글로 쓰시오.

61. 母子 (   )

62. 北向 (   )

63. 女王 (   )

64. 四十 (   )

65. 白手 (   )

66. 人力 (   )

67. 入金 (   )

68. 中天 (   )

69. 三月 (   )

70. 九千 (   )

※ 〈보기〉의 뜻을 참고하여 ○안에 공통으로 들어갈 한자를 쓰시오.

71. (1) 東○   (2) 百○   (   )

〈보기〉	(1) 네 방위의 하나. 해가 떠오르는 쪽. (2) 여러 가지 방법. 또는 온갖 수단과 방도.

72. (1) ○立   (2) ○足   (   )

〈보기〉	(1) 남에게 예속되거나 의지하지 아니하고 스스로 섬. (2) 스스로 넉넉함을 느낌.

73. (1) 水○   (2) ○工   (   )

〈보기〉	(1) 물과 돌을 아울러 이르는 말. (2) 돌을 다루어 물건을 만드는 사람.

※ [   ]안의 단어를 한자로 쓰시오.

74. [동문]들의 기부금으로 도서관을 지었다.

(   )

75. 이 영화에서는 그의 [출생]부터 죽음까지의 일대기를 다루고 있다. (   )

※ [   ]안의 한자어를 한글로 쓰시오.

76. 세 [角]의 크기가 같은 정삼각형은 세 변
    의 길이도 같다.   (   )

77. [實驗]할 때 염산이 피부에 닿지 않도록
    조심하세요.   (   )

78. 그는 옷차림으로 자신만의 개성을 [表現]
    한다.   (   )

79. 이 소설에 대한 [評價]는 비교적 좋은 편
    이다.   (   )

80. 원인과 [結果]를 잘 따져 봅시다.
                              (   )

한자실력급수 자격시험 **6급** 연습문제 〈4〉

객관식 (1~30번)

※ [   ] 안의 한자의 음(소리)으로 알맞은 것은?

1. [心]　① 심　② 민　③ 마　④ 필

2. [足]　① 수　② 형　③ 족　④ 구

3. [火]　① 화　② 수　③ 목　④ 금

4. [自]　① 목　② 일　③ 백　④ 자

5. [主]　① 천　② 주　③ 왕　④ 부

※ [   ] 안의 한자와 음이 같은 것은?

6. [東]　① 木　② 江　③ 同　④ 女

7. [九]　① 年　② 白　③ 山　④ 口

8. [少]　① 小　② 生　③ 十　④ 六

※ [   ] 안의 한자와 뜻이 반대되거나 상대되는 한자는?

9. [北]　① 南　② 一　③ 出　④ 天

10. [下]　① 立　② 寸　③ 八　④ 上

※ 〈보기〉의 단어들과 가장 관련이 깊은 한자는?

11. | 〈보기〉 | 노을 | 땅거미 | 석양 |

　① 工　② 王　③ 夕　④ 七

12. | 〈보기〉 | 화살표 | 나침반 | 동서남북 |

　① 月　② 向　③ 六　④ 目

13. | 〈보기〉 | 소설 | 동시 | 독후감 |

　① 日　② 西　③ 二　④ 文

※ [   ] 안의 설명에 맞는 한자어를 완성할 때, ○에 들어갈 한자는?

14. ○天 : [푸른 하늘.]

　① 土　② 靑　③ 千　④ 外

15. ○立 : [바로 섬. 또는 바로 세움.]

　① 父　② 弟　③ 男　④ 正

※ [　　　] 안의 한자어의 독음(소리)으로 알맞은 것은?

16. 여러 가지 물질을 [加熱]해보고 특징을 조사하여 봅시다.

　　① 가열　②관찰　③ 평가　④ 탐색

17. [平素]에 책을 가까이 하는 사람은 상식이 풍부하고 문장력도 뛰어나다.

　　① 평일　② 평시　③ 평소　④ 평상

18. 존댓말은 우리나라의 두드러진 [特徵]이다.

　　① 특성　② 상징　③ 상성　④ 특징

19. 요즈음 낮과 밤의 기온 [差]이/가 심하다.

　　① 반　　② 점　　③ 차　　④ 식

20. 그는 자신이 좋아하는 시를 [暗誦]했다.

　　① 낭송　② 암송　③ 낭독　④ 암기

※ [　　　] 안의 한자어의 뜻으로 알맞은 것은?

21. [半]

① 둘로 똑같이 나눈 것의 한 부분.

② 여럿을 한데 모은 수.

③ 상으로 주는 물품.

④ 정하여져 있는 차례.

22. [活用]

① 충분히 잘 이용함.

② 죽기와 살기라는 뜻으로, 어떤 중대한 문제를 비유적으로 이르는 말.

③ 선녀나 신선이 입는다는 새의 깃으로 만든 옷.

④ 어떤 이론이나 이미 얻은 지식을 일컫는 말.

23. [方法]

① 공공 기관이 제정한 법률, 명령, 규칙, 조례 따위를 이름.

② 어떤 일을 해 나가거나 목적을 이루기 위하여 취하는 수단이나 방식.

③ 어떤 까닭으로 말미암아 이루어지는 결말.

④ 국가 통치 체제의 기초에 관한 각종 근본 법규의 총체.

24. [點]

① 토목이나 건축 따위의 일.

② 그 사람을 높여 부르거나 이르는 말.

③ 벌여 선 자리나 그 차례.

④ 작고 둥글게 찍은 표.

25. [着陸]

① 비행기 따위가 날기 위하여 땅에서 떠오름.

② 어떤 문제를 해결하기 위한 실마리를 잡음.

③ 비행기 따위가 공중에서 활주로나 판판한 곳
에 내림.

④ 어떤 일이나 창작의 실마리가 되는 생각이나
구상 따위를 잡음.

※ [ ] 안에 들어갈 한자어로 알맞은 것은?

26. 나와 언니는 [ ]점이 많다.

　　① 發明　② 計算　③ 共通　④ 觀察

27. [ ]를/을 혼자서만 가지고 끙끙 앓는 것
은 어리석은 행동입니다.

　　① 苦悶　② 配列　③ 實踐　④ 役割

28. 그 집 형제들은 유난히 [ ]이/가 돈독했
다.

　　① 最善　② 差異　③ 區間　④ 友愛

29. 의자 위에 낯선 [ ]이/가 놓여있다.

　　① 朗誦　② 分類　③ 距離　④ 物體

30. 부모님께서 꾸중하신 [ ]를/을 나중에야
알게 되었다.

　　① 孝道　② 理由　③ 對話　④ 反省

주관식 (31~80번)

※ 다음 한자의 훈(뜻)과 음(소리)을 한글로
쓰시오.

31. 七 (　　　　　　　　　)

32. 月 (　　　　　　　　　)

33. 日 (　　　　　　　　　)

34. 王 (　　　　　　　　　)

35. 西 (　　　　　　　　　)

36. 工 (　　　　　　　　　)

37. 二 (　　　　　　　　　)

38. 八 (　　　　　　　　　)

39. 六 (　　　　　　　　　)

40. 寸 (　　　　　　　　　)

※ [   ] 안의 뜻을 가진 한자를 〈보기〉에서 찾아 쓰시오.

〈보기〉	金 水 石 五 百 川 中 母 入 子

41. 흐르는 [물]에 꽃은 떨어지고 봄은 가는구나.   (   )

42. 작은 강당에 [백]여 명이 앉아 있다.
                                    (   )

43. 유리문을 밀고 실내로 [들어갔다].
                                    (   )

44. 무너진 [돌]담 사이로 민들레가 피었습니다.   (   )

45. [냇가]에서 아이들이 물장구를 치고 있다.
                                    (   )

46. [어머니]와 함께 공원에 갔습니다.
                                    (   )

47. 우리나라에서 가장 많은 성씨는 [김]씨입니다.   (   )

48. 아버지와 [아들]이 많이 닮았다.
                                    (   )

49. [다섯] 손가락 중 중지가 제일 길다.
                                    (   )

50. 어머니는 식탁 [가운데]에 갈비찜을 올려놓으셨다.   (   )

※ 훈(뜻)과 음(소리)에 맞는 한자를 〈보기〉에서 찾아 쓰시오.

〈보기〉	千 外 內 男 父 目 土 三 弟 四

51. 사내   남   (   )

52. 아우   제   (   )

53. 안   내   (   )

54. 아버지   부   (   )

55. 석   삼   (   )

56. 바깥   외   (   )

57. 눈   목   (   )

58. 일천   천   (   )

59. 넉   사   (   )

60. 흙   토   (   )

※ 한자어의 독음(소리)을 한글로 쓰시오.

61. 江水 (　　　　　　)

62. 生母 (　　　　　　)

63. 十五 (　　　　　　)

64. 一金 (　　　　　　)

65. 年中 (　　　　　　)

66. 山川 (　　　　　　)

67. 白石 (　　　　　　)

68. 六百 (　　　　　　)

69. 出入 (　　　　　　)

70. 女子 (　　　　　　)

※ 〈보기〉의 뜻을 참고하여 ○안에 공통으로 들어갈 한자를 쓰시오.

71. ⑴ 主 ○　　⑵ ○ 心 (　　　　　)

| 〈보기〉 | ⑴ 대상이나 물건 따위를 소유한 사람. |
| | ⑵ 사람의 마음. |

72. ⑴ ○ 足　　⑵ 木 ○ (　　　　　)

| 〈보기〉 | ⑴ 손과 발을 아울러 이르는 말. |
| | ⑵ 나무를 다루어 집을 짓거나 가구, 기구 따위를 만드는 일을 직업으로 하는 사람. |

73. ⑴ 火 ○　　⑵ 自 ○ (　　　　　)

| 〈보기〉 | ⑴ 불이 탈 때에 내는 열의 힘. |
| | ⑵ 자기 혼자의 힘. |

※ [　　　]안의 단어를 한자로 쓰시오.

74. 그는 [명문] 대학 출신이다.
(　　　　　　)

75. 언니와 [형부]는 결혼한 후 미국으로 유학을 떠났다. (　　　　　　)

※ [   ] 안의 한자어를 한글로 쓰시오.

76. 이 사건은 사람들의 [無關心] 속에 차츰
    잊혀 갔다.   (   )

77. 그는 늘 [恭遜]한 태도와 차분한 어조로
    사람들을 대한다.   (   )

78. 전기가 나가서 갑자기 [周邊]이 캄캄해졌
    습니다.   (   )

79. 나는 여러 [種類]의 우표를 수집하고 있
    다.   (   )

80. 경시대회에서 1등을 하여 [賞品]으로 책을
    받았습니다.   (   )

객관식 (1~30번)

※ [　　] 안의 한자의 음(소리)으로 알맞은 것은?

1. [目]　　① 목　② 자　③ 일　④ 백

2. [南]　　① 동　② 서　③ 남　④ 북

3. [出]　　① 입　② 출　③ 토　④ 왕

4. [日]　　① 구　② 목　③ 중　④ 일

5. [水]　　① 화　② 수　③ 목　④ 금

※ [　　] 안의 한자와 음이 같은 것은?

6. [百]　　① 白　② 自　③ 一　④ 手

7. [天]　　① 小　② 九　③ 四　④ 千

8. [石]　　① 三　② 女　③ 夕　④ 王

※ [　　] 안의 한자와 뜻이 반대되거나 상대되는 한자는?

9. [西]　　① 土　② 東　③ 入　④ 山

10. [弟]　　① 上　② 年　③ 川　④ 兄

※ 〈보기〉의 단어들과 가장 관련이 깊은 한자는?

11.

〈보기〉	남북	좌우	전후

　　① 力　　② 八　　③ 方　　④ 六

12.

〈보기〉	사내	지아비	남자

　　① 下　　② 內　　③ 門　　④ 夫

13.

〈보기〉	밖	외국	외출

　　① 外　　② 立　　③ 靑　　④ 足

※ [　　] 안의 설명에 맞는 한자어를 완성할 때, ○에 들어갈 한자는?

14. 少○ : [아직 완전히 성숙하지 아니한 어린 사내아이.]

　　① 火　　② 年　　③ 金　　④ 二

15. ○上 : [실력, 수준, 기술 따위가 나아짐. 또는 나아지게 함.]

　　① 七　　② 父　　③ 中　　④ 向

※ [   ] 안의 한자어의 독음(소리)으로 알맞은 것은?

16. 폭포가 [垂直]으로 떨어지고 있었다.

   ① 상하   ② 수직   ③ 수평   ④ 직선

17. 밥 먹을 [時間]도 없이 바쁘다.

   ① 시계   ② 시기   ③ 시각   ④ 시간

18. [最善]을 다했기에 후회는 없다.

   ① 최선   ② 열심   ③ 열정   ④ 최상

19. 실험실의 [器具]들은 깨끗하게 닦여 있었다.

   ① 장비   ② 기기   ③ 기구   ④ 기계

20. 운전할 때는 [安全]띠를 착용해야 한다.

   ① 안정   ② 안일   ③ 안녕   ④ 안전

※ [   ] 안의 한자어의 뜻으로 알맞은 것은?

21. [分數]

① 특별히 눈에 띄는 점

② 전체에 대한 부분을 나타내는 수.

③ 상으로 주는 물품.

④ 여럿을 한데 모음.

22. [化學]

① 자연 과학의 한 분야. 물질의 조성과 구조, 성질 및 변화, 제법, 응용 따위를 연구하는 학문.

② 사상이나 감정을 언어로 표현한 예술.

③ 인간과 세계에 대한 근본 원리와 삶의 본질 따위를 연구하는 학문.

④ 공업의 이론, 기술, 생산 따위를 체계적으로 연구하는 학문.

23. [標語]

① 책의 맨 앞뒤의 겉장.

② 마음속에 품은 감정이나 정서 따위의 심리 상태가 겉으로 드러남.

③ 표시나 특징으로 어떤 사물을 다른 것과 구별하게 함.

④ 주의, 주장, 강령 따위를 간결하게 나타낸 짧은 어구.

24. [問題]

① 해답을 요구하는 물음.

② 물음과 대답. 또는 서로 묻고 대답함.

③ 사물의 가장 바깥쪽. 또는 가장 윗부분.

④ 작품이나 강연, 보고 따위에서, 그것을 대표하거나 내용을 보이기 위하여 붙이는 이름.

25. [邊]

① 사람의 좋고 나쁨과 마땅하고 마땅하지 않음을 가리는 일.

② 올바르고 착하여 도덕적 기준에 맞음.

③ 물체나 장소 따위의 가장자리.

④ 다른 것과 구별되는 일정한 한계나 그 한계를 나타내는 기준.

※ [   ] 안에 들어갈 한자어로 알맞은 것은?

26. 그는 [   ]보다는 과정을 중요시한다.

　① 種類　② 分離　③ 平素　④ 結果

27. 수업 시간에 얼마나 성실했는지는 시험을 통해 [   ]할 수 있다.

　① 差異　② 評價　③ 配列　④ 孝道

28. 그 [   ]을/를 하려면 많은 재료가 필요하다.

　① 苦悶　② 物體　③ 理由　④ 實驗

29. 이 감정은 말로 [   ]할 수 없다.

　① 表現　② 區間　③ 朗誦　④ 分類

30. 우리 학교의 전교생을 모두 [   ]하면 몇 명일까?

　① 式　　② 表　　③ 合　　④ 半

주관식 (31~80번)

※ 다음 한자의 훈(뜻)과 음(소리)을 한글로 쓰시오.

31. 力 (　　　　　　　　　)

32. 川 (　　　　　　　　　)

33. 靑 (　　　　　　　　　)

34. 八 (　　　　　　　　　)

35. 門 (　　　　　　　　　)

36. 六 (　　　　　　　　　)

37. 立 (　　　　　　　　　)

38. 內 (　　　　　　　　　)

39. 足 (　　　　　　　　　)

40. 下 (　　　　　　　　　)

※ [   ] 안의 뜻을 가진 한자를 〈보기〉
에서 찾아 쓰시오.

〈보기〉	人 月 女 工 十 木 心 同 寸 主

41. [**나무**]는 하늘을 찌를 듯 높게 자랐습니다.
(   )

42. 글자는 [**같지만**] 뜻은 다릅니다.
(   )

43. [**장인**]은 능숙한 솜씨로 예술품을 만들기 시작했다.
(   )

44. 인생의 [**주인**]이 되기 위해서는 많은 경험을 쌓아야 한다.
(   )

45. 안 좋은 일을 [**마음**]에 담아 두면 병이 된다.
(   )

46. 우리 반은 [**여**]학생의 수가 16명입니다.
(   )

47. 말 한 [**마디**]로 천 냥 빚을 갚는다.
(   )

48. 밝은 [**달**]을 보고 생각나는 것을 말해봅시다.
(   )

49. 내일 아침 [**열**]시에 친구들과 놀이공원에 가기로 하였다.
(   )

50. 이 노래는 아직도 많은 [**사람**]들에게 사랑받는다.
(   )

※ 훈(뜻)과 음(소리)에 맞는 한자를 〈보기〉
에서 찾아 쓰시오.

〈보기〉	男 二 五 中 父 北 火 金 母 七

51. 북녘   북   (   )

52. 쇠   금   (   )

53. 아버지   부   (   )

54. 다섯   오   (   )

55. 일곱   칠   (   )

56. 불   화   (   )

57. 두   이   (   )

58. 어머니   모   (   )

59. 사내   남   (   )

60. 가운데   중   (   )

※ 한자어의 독음(소리)을 한글로 쓰시오.

61. 四月　（　　　　　　）

62. 小心　（　　　　　　）

63. 女人　（　　　　　　）

64. 一同　（　　　　　　）

65. 自主　（　　　　　　）

66. 三寸　（　　　　　　）

67. 手工　（　　　　　　）

68. 王女　（　　　　　　）

69. 土木　（　　　　　　）

70. 九十　（　　　　　　）

※ 〈보기〉의 뜻을 참고하여 ○안에 공통으로 들어갈 한자를 쓰시오.

71. (1) ○ 水　　(2) ○ 日　　　（　　　　　）

〈보기〉	(1) 샘구멍에서 솟아 나오는 맑은 물. (2) 세상에 태어난 날. 또는 태어난 날을 기념하는 해마다의 그날.

72. (1) 出 ○　　(2) 入 ○　　　（　　　　　）

〈보기〉	(1) 밖으로 나갈 수 있는 통로. (2) 들어가는 통로.

73. (1) ○ 南　　(2) ○ 山　　　（　　　　　）

〈보기〉	(1) 강의 남쪽 지역. (2) 강과 산이라는 뜻으로, 자연의 경치를 이르는 말.

※ [　　　] 안의 단어를 한자로 쓰시오.

74. 그의 글은 당대의 [**명문**]으로 이름나 있다.
　　　　　　　　　　　　（　　　　　　）

75. 아버지께서는 [**자정**]이 되어서야 집에 돌아오셨다.　　　　　　　（　　　　　　）

※ [   ] 안의 한자어를 한글로 쓰시오.

76. 물의 [溫度]에 따라 물고기의 호흡수가 변
화합니다.   (   )

77. 아버지는 가족 간의 [和睦]이 가장 중요하
다고 강조하신다.   (   )

78. 담임선생님은 [儉素]하고 인자하신 분이
다.   (   )

79. 두 선이 만나는 경우 [角]이 생긴다.
                          (   )

80. 모든 일에는 [順序]가 있다.
                          (   )

기출문제 1회

한자자격시험

(문제지)

※ 정답은 별도 배부한 *OCR*답안지에 작성함

급 수	**6급**		
문 항 수	80	객관식	30
		주관식	50
시험시간	60분		

성 명	
수 험 번 호	

수험생 유의사항

1. 수험표에 표기된 응시급수와 문제지의 급수가 같은지 확인하시오.
2. 답안지에 **성명, 수험번호, 생년월일을** 정확하게 표기하시오.
3. 답안지의 주·객관식 답안란에는 검정색펜을 사용하시오.
4. 답안지의 **객관식 답안의 수정은 수정테이프** 만을 사용하시오.
5. 답안지의 주관식 답안의 수정은 두 줄로 긋고 다시 작성하시오.
6. 수험생의 잘못으로 인해 **답안지에 이물질이 묻거나, 객관식 답안에 복수로 표기할 경우 오답으로 처리**되니 주의하시오.
7. 감독관의 지시가 있을 때까지 문제를 풀지 마시오.
8. 시험 종료 후에는 필기도구를 내려놓고 감독관의 지시를 따르시오.

■ 이 문제지는 응시자가 가지고 가도록 허용되었습니다.

한자실력급수 자격시험 6급 기출문제 〈1〉

객관식 (1~30번)

※ [　　] 안의 한자의 음(소리)으로 알맞은 것은?

1. [正] ① 종 ② 정 ③ 장 ④ 중
2. [出] ① 강 ② 출 ③ 산 ④ 입
3. [靑] ① 정 ② 주 ③ 청 ④ 소
4. [千] ① 천 ② 만 ③ 백 ④ 억
5. [東] ① 서 ② 남 ③ 명 ④ 동

※ [　　] 안의 한자와 음이 같은 한자는?

6. [自] ① 子 ② 名 ③ 白 ④ 力
7. [少] ① 口 ② 小 ③ 弟 ④ 寸
8. [夫] ① 火 ② 二 ③ 父 ④ 向

※ [　　] 안의 한자와 뜻이 반대되거나 상대되는 한자는?

9. [內] ① 少 ② 女 ③ 外 ④ 門
10. [手] ① 足 ② 正 ③ 年 ④ 出

※ 〈보기〉의 단어들과 가장 관련이 깊은 한자는?

11. | 〈보기〉 | 나이 | 사계절 | 365일 |
    |---|---|---|---|
    ① 年 ② 西 ③ 三 ④ 名

12. | 〈보기〉 | 주먹 | 장갑 | 깍지 |
    |---|---|---|---|
    ① 山 ② 千 ③ 小 ④ 手

13. | 〈보기〉 | 잎 | 줄기 | 뿌리 |
    |---|---|---|---|
    ① 石 ② 木 ③ 文 ④ 內

※ [　　] 안의 설명에 맞는 한자어를 완성할 때, ○에 들어갈 한자는?

14. 人○ : [사람의 마음.]
    ① 七 ② 方 ③ 白 ④ 心
15. ○一 : [어떤 것과 비교하여 똑같음.]
    ① 母 ② 日 ③ 工 ④ 同

※ [　　] 안의 한자어의 독음(소리)으로 알맞은 것은?

16. 파충류의 [特徵]을 조사하였다.
    ① 특종 ② 특성 ③ 특징 ④ 특색
17. 연극에서 놀부 [役割]을 맡았다.
    ① 역할 ② 역활 ③ 분활 ④ 분할
18. 두 [物體]의 무게를 비교해 봅시다.
    ① 물질 ② 물체 ③ 물건 ④ 물량
19. 어른의 물음에 [恭遜]하게 대답하였다.
    ① 차분 ② 공손 ③ 자세 ④ 겸허
20. 내 키는 형과 [差異]가 많이 나지 않는다.
    ① 크기 ② 거리 ③ 평가 ④ 차이

※ [　　] 안의 한자어의 뜻으로 알맞은 것은?

21. [孝道]
    ① 부모를 잘 섬기는 도리.
    ② 매우 드물고 적음.
    ③ 서로 뜻이 맞고 정다움.
    ④ 충분히 잘 이용함.

22. [一周]
    ① 종류에 따라서 가름.
    ② 물건값을 헤아려 매김.
    ③ 일정한 경로를 한 바퀴 돎.
    ④ 수를 헤아림.

23. [對話]
    ① 글을 보지 아니하고 입으로 욈.
    ② 마주 대하여 이야기를 주고받음.
    ③ 무슨 일을 행하거나 무슨 일이 이루어지는 차례.
    ④ 주의, 주장, 강령 따위를 간결하게 나타낸 짧은 어구.

24. [觀察]
    ① 그림의 모양이나 형태.
    ② 사물이나 현상을 주의하여 자세히 살펴봄.
    ③ 어떠한 결론이나 결과에 이른 까닭이나 근거.
    ④ 어떤 일을 해 나가거나 목적을 이루기 위해 취하는 수단이나 방식.

25. [無關心]
    ① 여러 가지가 뒤섞여서 이루어진 물건.
    ② 어떤 지점과 다른 지점과의 사이.
    ③ 마음속으로 괴로워하고 애를 태움.
    ④ 어떤 대상에 대하여 끌리는 마음이나 흥미가 없음.

※ [　　] 안에 들어갈 한자어로 알맞은 것은?

26. 분수를 나눗셈으로 [　　]해 보았다.
　　① 方法　② 共通　③ 垂直　④ 計算

27. 식사 후 조리 [　　]를 깨끗하게 씻었다.
　　① 分離　② 器具　③ 標語　④ 溫度

28. 다음 두 [　　]의 거리를 더해 봅시다.
　　① 區間　② 表現　③ 苦悶　④ 發明

29. 각자가 좋아하는 시를 번갈아 [　　]하였다.
　　① 圖形　② 反省　③ 朗誦　④ 賞品

30. 일의 [　　]만큼이나 과정도 중요하다.
　　① 結果　② 儉素　③ 周邊　④ 着陸

주관식 (31~80번)

※ 다음 한자의 훈(뜻)과 음(소리)을 한글로 쓰시오.

31. 火 (　　　　　　　　)

32. 弟 (　　　　　　　　)

33. 石 (　　　　　　　　)

34. 五 (　　　　　　　　)

35. 名 (　　　　　　　　)

36. 文 (　　　　　　　　)

37. 主 (　　　　　　　　)

38. 金 (　　　　　　　　)

39. 自 (　　　　　　　　)

40. 夫 (　　　　　　　　)

※ [　　] 안의 뜻을 가진 한자를 〈보기〉에서 찾아 쓰시오.

〈보기〉	七 下 日 白 水 兄 天 正 西 靑

41. 나무그늘 [아래]에서 책을 읽었다.
　　　　　　　　　(　　　　　　　　)

42. 저녁이 되면 해가 [서]쪽으로 사라진다.
　　　　　　　　　(　　　　　　　　)

43. 태극기의 [흰] 바탕은 깨끗함을 나타낸다.
　　　　　　　　　(　　　　　　　　)

44. [하늘]에서 펑펑 눈이 내렸다.
　　　　　　　　　(　　　　　　　　)

45. 보통 무지개는 [일곱] 빛깔로 표현된다.
　　　　　　　　　(　　　　　　　　)

46. [푸른] 바다 위로 갈매기가 날아다닌다.
　　　　　　　　　(　　　　　　　　)

47. 오늘은 친구들과 소풍가는 [날]이다.
　　　　　　　　　(　　　　　　　　)

48. 글자를 쓸 때는 또박또박 [바르게] 써야한다.
　　　　　　　　　(　　　　　　　　)

49. 목이 말라서 [물]을 마셨다.
　　　　　　　　　(　　　　　　　　)

50. [형]과 함께 자전거를 탔다.
　　　　　　　　　(　　　　　　　　)

뒷면에 있는 문제도 꼭 풀어주세요 ➜ ➜ ➜ ➜ ➜

※ 훈(뜻)과 음(소리)에 맞는 한자를 〈보기〉에서 찾아 쓰시오.

〈보기〉	土 六 立 川 北 月 夕 王 九 目

51. 설 　　 립 (　　　　　　　)

52. 눈 　　 목 (　　　　　　　)

53. 내 　　 천 (　　　　　　　)

54. 북녘 　 북 (　　　　　　　)

55. 임금 　 왕 (　　　　　　　)

56. 아홉 　 구 (　　　　　　　)

57. 흙 　　 토 (　　　　　　　)

58. 저녁 　 석 (　　　　　　　)

59. 달 　　 월 (　　　　　　　)

60. 여섯 　 륙 (　　　　　　　)

※ 한자어의 독음(소리)을 한글로 쓰시오.

61. 四寸 (　　　　　　　)

62. 工夫 (　　　　　　　)

63. 七百 (　　　　　　　)

64. 西山 (　　　　　　　)

65. 天下 (　　　　　　　)

66. 八方 (　　　　　　　)

67. 十二 (　　　　　　　)

68. 正門 (　　　　　　　)

69. 水力 (　　　　　　　)

70. 男子 (　　　　　　　)

※ 〈보기〉의 뜻을 참고하여 ○안에 공통으로 들어갈 한자를 쓰시오.

71. (1) 南○ 　　 (2) ○上 　　　　(　　　　)

〈보기〉	(1) 남쪽으로 향함. 또는 그 방향. (2) 실력, 수준, 기술 따위가 나아짐.

72. (1) ○山 　　 (2) ○方 　　　　(　　　　)

〈보기〉	(1) 동쪽에 있는 산. (2) 동쪽 지방.

73. (1) 小○ 　　 (2) ○口 　　　　(　　　　)

〈보기〉	(1) 나이가 어린 사람. (2) 한 나라 또는 일정 지역 안에 사는 사람의 수.

※ [　　] 안의 단어를 한자로 쓰시오.

74. 곧 있으면 [삼월]에 새 학기가 시작된다.
　　　　　　　　　　　(　　　　　　　)

75. 내일은 친한 친구의 [생일]이다.
　　　　　　　　　　　(　　　　　　　)

※ [　　] 안의 한자어를 한글로 쓰시오.

76. 우리 남매는 [友愛]가 좋다.
　　　　　　　　　　　(　　　　　　　)

77. 나는 [最善]을 다해서 달렸다.
　　　　　　　　　　　(　　　　　　　)

78. 친구와 나는 닮은 [點]이 많다.
　　　　　　　　　　　(　　　　　　　)

79. 서로의 입장을 [理解]하려는 자세가 바람직하다. 　　　(　　　　　　　)

80. 물을 [加熱]하면 수증기가 되어 증발한다.
　　　　　　　　　　　(　　　　　　　)

– 수고하셨습니다 –

기출문제 2회

한자자격시험

(문제지)

※ 정답은 별도 배부한 OCR답안지에 작성함

급 수	**6급**		
문 항 수	80	객관식	30
		주관식	50
시험시간	60분		

성 명	
수 험 번 호	– – –

수험생 유의사항

1. 수험표에 표기된 응시급수와 문제지의 급수가 같은지 확인하시오.
2. 답안지에 **성명, 수험번호, 생년월일을 정확하게 표기**하시오.
3. 답안지의 주·객관식 답안란에는 검정색펜을 사용하시오.
4. 답안지의 **객관식 답안의 수정은 수정테이프** 만을 사용하시오.
5. 답안지의 주관식 답안의 수정은 두 줄로 긋고 다시 작성하시오.
6. 수험생의 잘못으로 인해 **답안지에 이물질이 묻거나, 객관식 답안에 복수로 표기할 경우 오답으로 처리**되니 주의하시오.
7. 감독관의 지시가 있을 때까지 문제를 풀지 마시오.
8. 시험 종료 후에는 필기도구를 내려놓고 감독관의 지시를 따르시오.

■ 이 문제지는 응시자가 가지고 가도록 허용되었습니다.

객관식 (1~30번)

※ [　　] 안의 한자의 음(소리)으로 알맞은 것은?

1. [生] ① 왕 ② 출 ③ 생 ④ 상
2. [力] ① 칠 ② 력 ③ 구 ④ 도
3. [心] ① 공 ② 모 ③ 화 ④ 심
4. [月] ① 달 ② 월 ③ 일 ④ 해
5. [父] ① 부 ② 남 ③ 형 ④ 녀

※ [　　] 안의 한자와 음이 같은 한자는?

6. [東] ① 下 ② 工 ③ 足 ④ 同
7. [石] ① 夕 ② 二 ③ 中 ④ 四
8. [天] ① 百 ② 千 ③ 母 ④ 九

※ [　　] 안의 한자와 뜻이 반대되거나 상대되는 한자는?

9. [入] ① 月 ② 天 ③ 出 ④ 川
10. [男] ① 白 ② 女 ③ 王 ④ 日

※ 〈보기〉의 단어들과 가장 관련이 깊은 한자는?

11. | 〈보기〉 | 낚시 | 뱃놀이 | 물고기 |
    |---|---|---|---|

    ① 立 ② 子 ③ 東 ④ 江

12. | 〈보기〉 | 편지 | 소설 | 시 |
    |---|---|---|---|

    ① 文 ② 足 ③ 土 ④ 力

13. | 〈보기〉 | 서쪽 | 남쪽 | 동쪽 |
    |---|---|---|---|

    ① 金 ② 手 ③ 方 ④ 心

※ [　　] 안의 설명에 맞는 한자어를 완성할 때, ○에 들어갈 한자는?

14. 自○ : [남에게 의지하지 않고 스스로 섬.]
    ① 石 ② 立 ③ 白 ④ 男

15. ○足 : [손과 발을 아울러 이르는 말.]
    ① 王 ② 火 ③ 水 ④ 手

※ [　　] 안의 한자어의 독음(소리)으로 알맞은 것은?

16. 자연보호에 관한 [標語]를 지어봅시다.
    ① 분수 ② 표어 ③ 숙어 ④ 광고
17. 정삼각형은 세 [邊]의 길이가 똑같다.
    ① 변 ② 합 ③ 반 ④ 각
18. 그날도 역시 담임 선생님은 우리들 앞에서 긴 한시를 근사하게 [暗誦]하셨다.
    ① 강독 ② 낭독 ③ 암송 ④ 낭송
19. 폭포수가 낭떠러지에서 [垂直]으로 떨어졌다.
    ① 수평 ② 공중 ③ 직각 ④ 수직
20. 모든 일이 [順序]대로 착착 진행되었다.
    ① 순서 ② 차례 ③ 계획 ④ 예정

※ [　　] 안의 한자어의 뜻으로 알맞은 것은?

21. [實踐]
    ① 생각한 것을 실제로 행함.
    ② 실제로 갖추고 있는 힘이나 능력.
    ③ 앞으로 할 일의 절차나 방법.
    ④ 현재 실제로 존재하는 사실이나 상태.
22. [混合物]
    ① 세상에 있는 모든 것.
    ② 생명을 가지고 스스로 생활 현상을 유지하여 나가는 물체.
    ③ 두 가지 이상의 물질이 각각의 성질을 지니면서 뒤섞인 것.
    ④ 일과 물건을 아울러 이르는 말.
23. [時間]
    ① 사람이 살고 있는 모든 사회.
    ② 어떤 시각에서 어떤 시각까지의 사이.
    ③ 아무것도 없는 빈 곳.
    ④ 텅 빈 공중.
24. [合]
    ① 뚫어지거나 파낸 자리.
    ② 면과 면이 만나 이루어지는 모서리.
    ③ 둥글게 그려진 모양이나 형태.
    ④ 둘 이상의 수나 식을 더함.
25. [平素]
    ① 특별한 일이 없는 보통 때.
    ② 세상에 태어나서 죽을 때까지의 동안.
    ③ 걱정이나 탈이 없음.
    ④ 바닥이 고르고 판판함.

※ [　　] 안에 들어갈 한자어로 알맞은 것은?

26. 이 문제를 처리할 수 있는 [　　]이 없어서 고민이다.
　　① 方法　② 加熱　③ 安全　④ 特徵

27. 가족 간의 [　　]이 제일이다.
　　① 環境　② 計算　③ 苦悶　④ 和睦

28. [　　]으로 받은 학용품을 친구들과 나누어 가졌다.
　　① 發明　② 賞品　③ 着陸　④ 圖形

29. 그림자놀이로 동물을 [　　]해 보았다.
　　① 朗誦　② 恭遜　③ 表現　④ 區間

30. 나는 학교 도서관을 자주 [　　]합니다.
　　① 利用　② 配列　③ 分離　④ 理解

주관식 (31~80번)

※ 다음 한자의 훈(뜻)과 음(소리)을 한글로 쓰시오.

31. 寸 (　　　　　　　　)

32. 川 (　　　　　　　　)

33. 正 (　　　　　　　　)

34. 工 (　　　　　　　　)

35. 西 (　　　　　　　　)

36. 小 (　　　　　　　　)

37. 母 (　　　　　　　　)

38. 土 (　　　　　　　　)

39. 百 (　　　　　　　　)

40. 年 (　　　　　　　　)

※ [　　] 안의 뜻을 가진 한자를 〈보기〉에서 찾아 쓰시오.

〈보기〉	口 子 人 女 木 心 九 七 王 火

41. 어머니는 뛰어나가 [아들]을 부둥켜안았다.
　　　　　　　　　　(　　　　　　　)

42. 저기 커다란 문이 [임금]님이 계시는 궁궐의 문이다.　　(　　　　　　　)

43. 목소리로 보아 밖에 있는 사람은 [여자]가 틀림없다.　　(　　　　　　　)

44. 친구는 연극에서 꼬리가 [아홉] 달린 구미호로 변장했다.　(　　　　　　　)

45. 맛있는 음식을 보니 [입]에 침이 고인다.
　　　　　　　　　　(　　　　　　　)

46. 고기가 [불]에 버적버적 구워지고 있다.
　　　　　　　　　　(　　　　　　　)

47. 깊은 산속에서 [사람]을 만나면 무척이나 반갑다.　　(　　　　　　　)

48. 백설 공주와 [일곱] 난쟁이.
　　　　　　　　　　(　　　　　　　)

49. [나무]에 비료를 주었다.
　　　　　　　　　　(　　　　　　　)

50. 누나의 [마음]을 도저히 알 수가 없었다.
　　　　　　　　　　(　　　　　　　)

> **뒷면에 있는 문제도 꼭 풀어주세요**
> → → → → →

※ 훈(뜻)과 음(소리)에 맞는 한자를 〈보기〉에서 찾아 쓰시오.

〈보기〉	五 四 少 男 八 夫 金 中 靑 白

51. 가운데   중 (   )

52. 흰   백 (   )

53. 사내   남 (   )

54. 푸를   청 (   )

55. 쇠   금 (   )

56. 여덟   팔 (   )

57. 다섯   오 (   )

58. 지아비 부 (   )

59. 넉   사 (   )

60. 적을   소 (   )

※ 한자어의 독음(소리)을 한글로 쓰시오.

61. 土木 (   )

62. 入口 (   )

63. 王女 (   )

64. 上下 (   )

65. 日出 (   )

66. 方向 (   )

67. 六十 (   )

68. 南山 (   )

69. 文人 (   )

70. 一年 (   )

※ 〈보기〉의 뜻을 참고하여 ○안에 공통으로 들어갈 한자를 쓰시오.

71. (1) 南 ○   (2) ○ 上   (   )

〈보기〉	(1) 남쪽과 북쪽을 아울러 이르는 말. (2) 북쪽 방면을 향하여 올라감.

72. (1) ○ 目   (2) ○ 門   (   )

〈보기〉	(1) 표면에 내세우는 형식상의 구실이나 근거. (2) 이름이 난 집안이나 학교.

73. (1) 內 ○   (2) ○ 出   (   )

〈보기〉	(1) 안과 밖을 아울러 이르는 말. (2) 집이나 회사 등에서 일을 보러 밖에 나감.

※ [   ]안의 단어를 한자로 쓰시오.

74. 우리 [형제]는 아침마다 운동을 한다.

(   )

75. 우리나라는 '3.1운동'을 통해 민족의 [자주] 독립 의지를 전 세계에 알렸다.

(   )

※ [   ]안의 한자어를 한글로 쓰시오.

76. 노래는 세계 [共通]의 언어이다.

(   )

77. 방학 기간 [活用]을 어떻게 할지에 대하여 의논해 보자.   (   )

78. 우리는 [問題] 해결을 위해서 서로 협력할 것을 다짐했다.   (   )

79. [化學]물질을 다루는 과학실험을 할 때는 특별히 조심해야 한다.   (   )

80. 그는 매일 밤 하루를 돌아보며 [反省]의 시간을 갖는다.   (   )

– 수고하셨습니다 –

기출문제 3회

한자자격시험

(문제지)

※ 정답은 별도 배부한 **OCR**답안지에 작성함

급 수	**6급**		
문 항 수	80	객관식	30
		주관식	50
시험시간	60분		

성 명	
수 험 번 호	

수험생 유의사항

1. 수험표에 표기된 응시급수와 문제지의 급수가 같은지 확인하시오.
2. 답안지에 **성명, 수험번호, 생년월일을 정확하게 표기**하시오.
3. 답안지의 주·객관식 답안란에는 검정색펜을 사용하시오.
4. 답안지의 **객관식 답안의 수정은 수정테이프** 만을 사용하시오.
5. 답안지의 주관식 답안의 수정은 두 줄로 긋고 다시 작성하시오.
6. 수험생의 잘못으로 인해 **답안지에 이물질이 묻거나, 객관식 답안에 복수로 표기할 경우 오답으로 처리**되니 주의하시오.
7. 감독관의 지시가 있을 때까지 문제를 풀지 마시오.
8. 시험 종료 후에는 필기도구를 내려놓고 감독관의 지시를 따르시오.

■ 이 문제지는 응시자가 가지고 가도록 허용되었습니다.

한자실력급수 자격시험 **6급** 기출문제 〈3〉

객관식 (1~30번)

※ [　　] 안의 한자의 음(소리)으로 알맞은 것은?

1. [西]　① 사　② 서　③ 수　④ 소
2. [手]　① 구　② 모　③ 수　④ 도
3. [寸]　① 리　② 칠　③ 십　④ 촌
4. [水]　① 수　② 영　③ 소　④ 화
5. [土]　① 미　② 사　③ 오　④ 토

※ [　　] 안의 한자와 음이 같은 한자는?

6. [南]　① 天　② 男　③ 母　④ 立
7. [文]　① 入　② 弟　③ 少　④ 門
8. [九]　① 口　② 力　③ 四　④ 木

※ [　　] 안의 한자와 뜻이 반대되거나 상대되는 한자는?

9. [內]　① 川　② 外　③ 百　④ 心
10. [兄]　① 七　② 自　③ 弟　④ 手

※ 〈보기〉의 단어들과 가장 관련이 깊은 한자는?

11. 〈보기〉　친척　　손가락　　대나무
　　① 白　② 日　③ 父　④ 寸

12. 〈보기〉　메달　　반지　　목걸이
　　① 東　② 金　③ 口　④ 北

13. 〈보기〉　낚시　　물고기　　물장난
　　① 川　② 心　③ 同　④ 年

※ [　　] 안의 설명에 맞는 한자어를 완성할 때, ○에 들어갈 한자는?

14. 七○ : [음력 7월 7일.]
　　① 千　② 方　③ 夕　④ 中

15. 天○ : [우주와 천체의 온갖 현상과 그에 내재된 법칙성.]
　　① 男　② 文　③ 金　④ 兄

※ [　　] 안의 한자어의 독음(소리)으로 알맞은 것은?

16. 이곳은 주말에 교통이 혼잡한 [區間](이)다.
　　① 구간　② 지역　③ 위치　④ 장소
17. 두 [物體]의 무게를 각각 재어보았다.
　　① 물질　② 사물　③ 물체　④ 화물
18. 우주탐사선이 무사히 행성에 [着陸]했다.
　　① 조사　② 도달　③ 기대　④ 착륙
19. 포유동물의 [特徵]을/를 조사해보았다.
　　① 종류　② 특징　③ 생태　④ 환경
20. 어른께서 물으시면 [恭遜]하게 대답해야 한다.
　　① 정직　② 얌전　③ 경건　④ 공손

※ [　　] 안의 한자어의 뜻으로 알맞은 것은?

21. [觀察]
　　① 글을 보지 않고 입으로 욈.
　　② 어떤 대상의 둘레.
　　③ 사물이나 현상을 주의하여 자세히 살펴봄.
　　④ 생각한 바를 실제로 행함.

22. [分離]
　　① 서로 나뉘어 떨어짐. 또는 그렇게 되게 함.
　　② 잘못이나 허물이 없었는지 돌이켜 생각함.
　　③ 서로 뜻이 맞고 정다움.
　　④ 위험이 생기거나 사고가 날 염려가 없음.

23. [加熱]
　　① 종류에 따라서 가름.
　　② 다른 것에 비하여 특별히 눈에 띄는 점.
　　③ 충분히 잘 이용함.
　　④ 어떤 물질에 열을 가함.

24. [朗誦]
　　① 일정한 경로를 한 바퀴 돎.
　　② 말이나 행동이 겸손하고 예의 바름.
　　③ 소리 내어 글을 욈.
　　④ 서로 같지 아니하고 다름.

25. [最善]
　　① 정하여진 차례.
　　② 가장 좋고 훌륭함. 또는 그런 일.
　　③ 특별한 일이 없는 보통 때.
　　④ 해답을 요구하는 물음.

※ [   ] 안에 들어갈 한자어로 알맞은 것은?

26. 사각형의 네 [   ]의 합은 360도이다.
　① 差　② 角　③ 表現　④ 器具

27. 우리 형제는 [   ]이/가 매우 좋다.
　① 友愛　② 時間　③ 一周　④ 利用

28. 여러 가지 [   ]을/를 그려보았다.
　① 安全　② 化學　③ 理解　④ 圖形

29. 물고기는 물의 [   ]에 따라 호흡 횟수가 변한다.
　① 發明　② 溫度　③ 役割　④ 共通

30. 고래가 물을 뿜어내는 [   ]을/를 알아냈다.
　① 理由　② 垂直　③ 儉素　④ 分數

주관식 (31~80번)

※ 다음 한자의 훈(뜻)과 음(소리)을 한글로 쓰시오.

31. 同 (　　　　　　　)

32. 夫 (　　　　　　　)

33. 主 (　　　　　　　)

34. 靑 (　　　　　　　)

35. 目 (　　　　　　　)

36. 下 (　　　　　　　)

37. 足 (　　　　　　　)

38. 五 (　　　　　　　)

39. 火 (　　　　　　　)

40. 二 (　　　　　　　)

※ [   ] 안의 뜻을 가진 한자를 〈보기〉에서 찾아 쓰시오.

| 〈보기〉 | 石 水 土 自 正 南 力 白 北 中 |

41. 기러기 떼가 [북쪽]에서 날아왔다.
　　　　　　　　　　(　　　　　　)

42. 다른 사람에게 기대지 않고 [스스로]의 힘으로 문제를 해결했다.
　　　　　　　　　　(　　　　　　)

43. 모두 함께 [힘]을 모아 작품을 완성했다.
　　　　　　　　　　(　　　　　　)

44. 평소에도 몸가짐을 [바르게] 하는 습관을 길러야 한다.　　(　　　　　　)

45. [남쪽] 들판에서 바람이 불어왔다.
　　　　　　　　　　(　　　　　　)

46. 한 번 쏟아진 [물]은 다시 주워 담을 수 없다.
　　　　　　　　　　(　　　　　　)

47. 식탁 한 [가운데]에 갈비찜이 놓였다.
　　　　　　　　　　(　　　　　　)

48. 독도는 온통 [돌]로 이루어져 있는 섬이다.
　　　　　　　　　　(　　　　　　)

49. 맨발로 [흰] 모래를 밟으니 발바닥이 간지러웠다.　　(　　　　　　)

50. [흙] 장난을 하고 나니 손이 더러워졌다.
　　　　　　　　　　(　　　　　　)

| 뒷면에 있는 문제도 꼭 풀어주세요 ➜ ➜ ➜ ➜ ➜ |

※ 훈(뜻)과 음(소리)에 맞는 한자를 〈보기〉에서 찾아 쓰시오.

〈보기〉	六 十 工 東 月 夕 王 三 子 向

51. 동녘   동 (   )

52. 셋   삼 (   )

53. 향할   향 (   )

54. 열   십 (   )

55. 임금   왕 (   )

56. 아들   자 (   )

57. 달   월 (   )

58. 여섯   륙 (   )

59. 장인   공 (   )

60. 저녁   석 (   )

※ 한자어의 독음(소리)을 한글로 쓰시오.

61. 白金 (   )

62. 年中 (   )

63. 北上 (   )

64. 內力 (   )

65. 名人 (   )

66. 小心 (   )

67. 八千 (   )

68. 百日 (   )

69. 自生 (   )

70. 父母 (   )

※ 〈보기〉의 뜻을 참고하여 ○안에 공통으로 들어갈 한자를 쓰시오.

71. (1) 年 ○   (2) ○ 女   (   )

〈보기〉	(1) 나이가 어림. (2) 어린 여자 아이.

72. (1) 名 ○   (2) 木 ○   (   )

〈보기〉	(1) 기능이나 기술 따위에서 소질과 솜씨가 뛰어난 사람. (2) 나무로 집이나 물건 만드는 일을 업으로 하는 사람.

73. (1) 西 ○   (2) ○ 正   (   )

〈보기〉	(1) 서쪽에 있는 지방. (2) 모양이 네모지고 반듯하다.

※ [   ]안의 단어를 한자로 쓰시오.

74. 우리나라의 아름다운 자연을 '금수 [강산]'이라 부른다.   (   )

75. [외출]할 때는 문단속을 잘 해야 한다.   (   )

※ [   ]안의 한자어를 한글로 쓰시오.

76. [結果]도 중요하지만 과정 역시 중요하다.   (   )

77. 곤충채집 후 같은 종류끼리 [分類]해보았다.   (   )

78. 친구의 [苦悶] 이야기를 들어주었다.   (   )

79. 가족들끼리 모여 정답게 [對話]을/를 주고받았다.   (   )

80. 부모님께 항상 [孝道] 해야 한다.   (   )

– 수고하셨습니다 –

모범 답안

연습문제<1> 답안

[객관식]

1	②	6	①	11	③	16	④	21	②	26	③
2	①	7	③	12	①	17	③	22	①	27	①
3	④	8	④	13	④	18	①	23	④	28	④
4	②	9	②	14	②	19	④	24	③	29	④
5	③	10	④	15	③	20	①	25	③	30	②

[주관식]

31	향할 향	51	三	71	正
32	하늘 천	52	男	72	心
33	바깥 외	53	主	73	工
34	일백 백	54	立	74	四寸
35	아우 제	55	足	75	七夕
36	흙 토	56	力	76	안전
37	아버지 부	57	二	77	최선
38	쇠 금 / 성 김	58	口	78	기구
39	글월 문	59	兄	79	시간
40	적을 소	60	九	80	수직
41	中	61	모녀		
42	母	62	남북		
43	五	63	동일		
44	白	64	목석		
45	同	65	명목		
46	名	66	백금		
47	生	67	중소		
48	南	68	팔방		
49	八	69	생일		
50	木	70	오십		

연습문제<2> 답안

[객관식]

1	①	6	②	11	②	16	④	21	②	26	①
2	①	7	③	12	①	17	①	22	①	27	③
3	④	8	②	13	④	18	②	23	④	28	④
4	②	9	③	14	③	19	①	24	③	29	④
5	④	10	④	15	③	20	③	25	④	30	②

[주관식]

31	일곱 칠	51	小	71	靑
32	넉 사	52	一	72	天
33	불 화	53	二	73	口
34	바를 정	54	五	74	父母
35	모 방	55	川	75	少女
36	마디 촌	56	子	76	착륙
37	해/날 일	57	名	77	점
38	가운데 중	58	王	78	활용
39	여덟 팔	59	西	79	방법
40	눈 목	60	夫	80	계산
41	六	61	구월		
42	江	62	목공		
43	工	63	백금		
44	木	64	삼천		
45	力	65	수력		
46	百	66	자립		
47	九	67	상향		
48	白	68	백토		
49	金	69	육십		
50	立	70	강북		

모범 답안

연습문제〈3〉 답안

[객관식]

1	②	6	②	11	④	16	②	21	③	26	③
2	①	7	②	12	②	17	④	22	②	27	①
3	①	8	④	13	③	18	②	23	②	28	②
4	④	9	③	14	①	19	③	24	④	29	②
5	③	10	①	15	④	20	①	25	①	30	④

[주관식]

31	작을 소	51	六	71	方
32	마디 촌	52	主	72	自
33	불 화	53	西	73	石
34	흙 토	54	夕	74	同門
35	입 구	55	金	75	出生
36	아래 하	56	川	76	각
37	글월 문	57	兄	77	실험
38	바를 정	58	八	78	표현
39	다섯 오	59	七	79	평가
40	두 이	60	少	80	결과
41	北	61	모자		
42	母	62	북향		
43	女	63	여왕		
44	四	64	사십		
45	人	65	백수		
46	三	66	인력		
47	中	67	임금		
48	白	68	중천		
49	九	69	삼월		
50	入	70	구천		

연습문제〈4〉 답안

[객관식]

1	①	6	③	11	③	16	①	21	①	26	③
2	③	7	④	12	②	17	③	22	①	27	①
3	①	8	①	13	④	18	④	23	②	28	④
4	④	9	①	14	②	19	③	24	④	29	④
5	②	10	④	15	④	20	②	25	③	30	②

[주관식]

31	일곱 칠	51	男	71	人
32	달 월	52	弟	72	手
33	날/해 일	53	內	73	力
34	임금 왕	54	父	74	名門
35	서녘 서	55	三	75	兄夫
36	장인 공	56	外	76	무관심
37	두 이	57	目	77	공손
38	여덟 팔	58	千	78	주변
39	여섯 륙	59	四	79	종류
40	마디 촌	60	土	80	상품
41	水	61	강수		
42	百	62	생모		
43	入	63	십오		
44	石	64	일금		
45	川	65	연중		
46	母	66	산천		
47	金	67	백석		
48	子	68	육백		
49	五	69	출입		
50	中	70	여자		

연습문제〈5〉 답안

[객관식]

1	①	6	①	11	③	16	②	21	②	26	④
2	③	7	④	12	④	17	④	22	①	27	②
3	②	8	③	13	①	18	①	23	④	28	④
4	④	9	②	14	②	19	③	24	①	29	①
5	②	10	④	15	④	20	④	25	③	30	③

[주관식]

31	힘 력	51	北	71	生
32	내 천	52	金	72	口
33	푸를 청	53	父	73	江
34	여덟 팔	54	五	74	名文
35	문 문	55	七	75	子正
36	여섯 륙	56	火	76	온도
37	설 립	57	二	77	화목
38	안 내	58	母	78	검소
39	발 족	59	男	79	각
40	아래 하	60	中	80	순서
41	木	61	사월		
42	同	62	소심		
43	工	63	여인		
44	主	64	일동		
45	心	65	자주		
46	女	66	삼촌		
47	寸	67	수공		
48	月	68	왕녀		
49	十	69	토목		
50	人	70	구십		

모범 답안

기출문제<1> 답안

[객관식]

1	②	6	①	11	①	16	③	21	①	26	④
2	②	7	②	12	④	17	①	22	③	27	②
3	③	8	③	13	②	18	②	23	②	28	①
4	①	9	①	14	④	19	②	24	②	29	③
5	④	10	①	15	④	20	④	25	④	30	①

[주관식]

31	불 화	51	立	71	向
32	아우 제	52	目	72	東
33	돌 석	53	川	73	人
34	다섯 오	54	北	74	三月
35	이름 명	55	王	75	生日
36	글월 문	56	九	76	우애
37	주인 주	57	土	77	최선
38	쇠 금/성 김	58	夕	78	점
39	스스로 자	59	月	79	이해
40	지아비 부	60	六	80	가열
41	下	61	사촌		
42	西	62	공부		
43	白	63	칠백		
44	天	64	서산		
45	七	65	천하		
46	靑	66	팔방		
47	日	67	십이		
48	正	68	정문		
49	水	69	수력		
50	兄	70	남자		

기출문제<2> 답안

[객관식]

1	③	6	④	11	④	16	②	21	①	26	①
2	②	7	①	12	①	17	①	22	③	27	④
3	④	8	②	13	③	18	③	23	②	28	②
4	②	9	①	14	①	19	④	24	④	29	③
5	①	10	②	15	④	20	④	25	①	30	①

[주관식]

31	마디 촌	51	中	71	北
32	내 천	52	白	72	名
33	바를 정	53	男	73	外
34	장인 공	54	靑	74	兄弟
35	서녘 서	55	金	75	自主
36	작을 소	56	八	76	공통
37	어미 모	57	五	77	활용
38	흙 토	58	夫	78	문제
39	일백 백	59	四	79	화학
40	해 년	60	少	80	반성
41	子	61	토목		
42	王	62	입구		
43	女	63	왕녀		
44	九	64	상하		
45	口	65	일출		
46	火	66	방향		
47	人	67	육십		
48	七	68	남산		
49	木	69	문인		
50	心	70	일년		

기출문제<3> 답안

[객관식]

1	②	6	②	11	④	16	①	21	③	26	②
2	③	7	④	12	②	17	③	22	①	27	①
3	④	8	①	13	①	18	④	23	④	28	④
4	①	9	②	14	③	19	②	24	③	29	②
5	④	10	③	15	②	20	④	25	②	30	①

[주관식]

번호	답	번호	답	번호	답
31	한가지 동	51	東	71	少
32	지아비 부	52	三	72	手
33	주인 주	53	向	73	方
34	푸를 청	54	十	74	江山
35	눈 목	55	王	75	外出
36	아래 하	56	子	76	결과
37	발 족	57	月	77	분류
38	다섯 오	58	六	78	고민
39	불 화	59	工	79	대화
40	두 이	60	夕	80	효도
41	北	61	백금		
42	自	62	연중		
43	力	63	북상		
44	正	64	내력		
45	南	65	명인		
46	水	66	소심		
47	中	67	팔천		
48	石	68	백일		
49	白	69	자생		
50	土	70	부모		

한자자격시험 답안지

2 1

준3급~6급 응시자용

주관 : (사)한자교육진흥회
시행 : 한국한자실력평가원

객관식 답 안 란

번호	①	②	③	④		번호	①	②	③	④
1	①	②	③	④		16	①	②	③	④
2	①	②	③	④		17	①	②	③	④
3	①	②	③	④		18	①	②	③	④
4	①	②	③	④		19	①	②	③	④
5	①	②	③	④		20	①	②	③	④
6	①	②	③	④		21	①	②	③	④
7	①	②	③	④		22	①	②	③	④
8	①	②	③	④		23	①	②	③	④
9	①	②	③	④		24	①	②	③	④
10	①	②	③	④		25	①	②	③	④
11	①	②	③	④		26	①	②	③	④
12	①	②	③	④		27	①	②	③	④
13	①	②	③	④		28	①	②	③	④
14	①	②	③	④		29	①	②	③	④
15	①	②	③	④		30	①	②	③	④

주관식 답안란

문항	주관식 답안란	채점		문항	주관식 답안란	채점
31		○		41		○
32		○		42		○
33		○		43		○
34		○		44		○
35		○		45		○
36		○		46		○
37		○		47		○
38		○		48		○
39		○		49		○
40		○		50		○

※ 주관식 51 ~ 100번 답안란은 뒷면에 있음.

※ 답안지 작성요령

1. 객관식 답은 해당번호에 검정색 펜으로 표기
   ▲ 바른표기 예 : ●
   ▲ 틀린표기 예 : ⊙ ◐ ⊘ ⊗
2. 객관식 답을 수정할 때는 수정테이프를 사용
3. 주관식 답을 수정할 때는 두줄로 긋고 작성
4. 본 답안지를 구기거나 훼손하지 마시오.

응시등급
회차 | 제 회
응시등급: 준3급 4급 준4급 5급 준5급 6급
감독관 확인 (서명)
성명
수험번호
제점위원확인란 (응시자표기금지) (초검) (재검)
생년월일

문항	주관식 답안란	채점	문항	주관식 답안란	채점	문항	주관식 답안란	채점	문항	주관식 답안란	채점	문항	주관식 답안란	채점
51		○	61		○	71		○	81		○	91		○
52		○	62		○	72		○	82		○	92		○
53		○	63		○	73		○	83		○	93		○
54		○	64		○	74		○	84		○	94		○
55		○	65		○	75		○	85		○	95		○
56		○	66		○	76		○	86		○	96		○
57		○	67		○	77		○	87		○	97		○
58		○	68		○	78		○	88		○	98		○
59		○	69		○	79		○	89		○	99		○
60		○	70		○	80		○	90		○	100		○